Sempre há uma esperança

CB132384

Somos associados da **Fundação Abrinq** pelos direitos da criança.
Nossos fornecedores uniram-se a nós e não utilizam mão-de-obra infantil ou trabalho irregular de adolescentes.

Sempre há uma Esperança

Copyright by © Petit Editora e Distribuidora Ltda. 1995.

7ª reimpressão: abril/02 – 3.000 exemplares (85.000 a 88.000)

Direção de Arte:
Flávio Machado
Capa (criação):
Flávio Machado
Foto:
Marcelo Kura
Editoração eletrônica feita a partir de digitação do próprio autor por:
Petit – Editoria de Arte
Fotolito de capa:
Digigraphic
Impressão:
Bartira Gráfica e Editora S/A

Dados Internacionais de Catalogação na Publicação (CIP)
(Câmara Brasileira do Livro, SP, Brasil)

Roboels (espírito)
Sempre há uma Esperança / romance do espírito Roboels; psicografado por Eurípedes Kühl. – São Paulo : Petit, 1995.

ISBN 85-7253-026-6

1. Espiritismo 2. Psicografia 3. Romance brasileiro
I. Kühl, Eurípedes, 1934 - II. Título.

95-3399 CDD-133.93

Índices para catálogo sistemático:

1. Mensagens psicografadas : Espiritismo 133.93
2. Romance mediúnico : Espiritismo 133.93

Impresso no Brasil, no outono de 2002.

Sempre há uma esperança

Romance do Espírito
Roboels
Psicografado por
Eurípedes Kühl

petit editora

Rua Atuaí, 383/389 - Vila Esperança/Penha
CEP 03646-000 - São Paulo - SP
Fone: (0xx11) 6684-6000
Endereço para correspondência:
Caixa Postal 67545 - Ag. Almeida Lima
03102-970 - São Paulo - SP

www.petit.com.br
petit@petit.com.br

Outras obras do autor:

Animais, Nossos Irmãos

Infidelidade e Perdão (mediúnico)

Fragmentos da História pela Ótica Espírita

Transplante de Amor

Os Tecelões do Destino

Autor e Editora dedicam este livro a todos aqueles que, voluntariamente ou não, prestam apoio e cuidados, com amor e dedicação, às vezes até com grande dose de renúncia, a enfermos de doenças redentoras como a AIDS.

Sumário

INTRODUÇÃO

Esta obra é dedicada a todos os anjos da guarda.

A expressão "anjo da guarda", muito empregada neste livro, refere-se ao Espírito protetor que todos temos.

O leitor encontrará descrições pormenorizadas de como agem esses benditos Mensageiros do Senhor, protegendo os encarnados com os quais assumiram esse compromisso.

Ninguém, na face da Terra, está sozinho, seja perdido no deserto, ou em alto mar, ou em densa floresta, ou no pico da mais alta montanha; com ele sempre estará uma sentinela do Bem – o seu "anjo da guarda"!

Prudente, pois, ouvi-lo sempre.

Propõe-se o autor neste livro, lembrando inicialmente suas limitações, a comentar algumas formas pelas quais é possível, a qualquer um de nós, estabelecer contato com o nosso "anjo da guarda".

Para tanto, sugere, basta direcionar o pensamento para o diálogo sadio, de súplica, aconselhamento ou gratidão.

Entenderemos melhor nosso relacionamento com o mundo espiritual, e em particular com nosso "anjo da guarda", viajando com o autor a bordo das preciosas informações inseridas neste livro.

Exercitando a fraternidade, em comunhão de idéias com quem tão bem conhece nossa intimidade, nosso anjo da guarda, poderemos igualmente conhecer-lhe os ideais, resultando, dessa simbiose, o crescimento moral nosso e dele.

Após, com a melhoria dos nossos atos, seremos vestibulandos desse mesmo aprendizado, vivenciando no futuro, como desencarnados, idêntica metamorfose.

Então, seremos um dia, também, "anjo da guarda" de alguém.

No encerramento do milênio, um tormento se agiganta e se sobrepõe à maior dor, a AIDS!

Vemos aumentar, terrivelmente, o número dos andantes pelo mundo que têm a AIDS por companheira, ou por perto.

Invigilantes, em maior ou menor grau, somos todos, afinal, cativos ainda às multiplicadas trocas da roupagem carnal, sublime instrumento e invólucro temporário do Espírito imortal, que por vezes malbaratamos.

Por nossa causa, sofremos tristes conseqüências.

O autor é Espírito dos que mais de perto falam ao nosso coração, eis que juntos vimos trilhando os Caminhos do Senhor, ora em quedas, ora com as bênçãos de tarefas que nos induzem ao crescimento espiritual.

Médico, em várias jornadas, tem autoridade para caminhar pelos processos orgânicos, conhecendo-lhes as funções e, mais que tudo, as causas das disfunções.

Teremos aqui, assim, valioso alerta dos pesados ônus que aguardam aos escravos do sexo desvairado, aos ensandecidos que buscam liberdade e soluções no suicídio, aos cobiçosos de fortuna e poder, aos apologistas da eutanásia e aos mercantilistas da mediunidade.

Sobretudo, porém, evidencia esta obra a Suprema Bondade do Pai, mostrando que a todos, sem exceção, além do anjo da guarda individual, Ele ainda presenteou com outro, que é o Anjo da Guarda de toda a Humanidade: JESUS!

Ribeirão Preto/SP, em 01 de Setembro de 1994

CLAUDINEI (Espírito amigo do autor).

NOTA DO MÉDIUM - Esta obra foi psicografada em reuniões mediúnicas semanais, de fevereiro a agosto de 1994, nas dependências da Sociedade Espírita Allan Kardec, de Ribeirão Preto/SP.

NATAL... NATAL...

Faltando dois dias para o Natal, a grande loja de brinquedos estava lotada de compradores, embora com o estoque quase findo.

Karen, entrando na loja, dirigiu-se para perto de um grupo de freguesas que estavam sendo atendidas no balcão das bonecas.

Olhou para uma boneca muito bonita que, solitária, ocupava imenso vazio na prateleira. Sinal que deveria ser muito cara, pois como entender que até aquele momento ainda não tinha sido vendida?

Parou estática defronte à prateleira da boneca "sem irmãs", conforme pensou. Ergueu o dedinho indicador e apontou para a boneca.

Como permanecesse nessa posição por vários minutos, acabou chamando a atenção de algumas pessoas.

A gerente da loja vendo aquela criança, de aproximadamente sete ou oito anos, desacompanhada, apontando há tanto tempo para a boneca, sem se mexer ou falar, aproximou-se dela:

– Meu bem, o que você deseja?

A resposta era óbvia. Mas, como o tratamento protocolar-comercial fosse rotina na loja, não "ficaria bem" uma freguesa deixar de ser tratada com cortesia.

Isso, embora Karen, necessariamente, não demonstrasse ser freguesa, mas talvez uma criança que tivesse se afastado momentaneamente dos pais.

Esse julgamento foi feito pela gerente, pois a criança, se não estava muito bem vestida, pelo menos não demonstrava ser pedinte, tão comum principalmente naquela época. Até porque o segurança à porta havia permitido a entrada dela na loja.

Nenhuma resposta.

A gerente um tanto constrangida, por ser alvo de alguns olhares, insistiu:

– Minha filha, podemos ajudá-la?

O tratamento continuava cortês, aparentemente carinhoso.

A criança não se mexia. Seu dedinho apontava fixo para a boneca.

Duas senhoras mais próximas perceberam o que estava acontecendo, pois aquela criança, imóvel, apontando para uma boneca, despertoulhes não só a atenção, mas, mais que isso, emoção e dó.

A criança, sem contrair um único músculo da face ou de todo seu corpinho, começou a verter lágrimas.

A cena, de início um tanto quanto patética, tornou-se comovente.

A gerente abaixou-se, colocou o braço sobre os ombros daquela criança e perguntou-lhe:

– Como você se chama?

– Karen...

– Quantos anos você tem?

– Oito...

– Onde está sua mãe?

– Na rua, vendo se ganha comida...

– E o que você veio fazer aqui? Quer comida?

Esse o momento esperado por Karen, que, embora nos seus poucos anos, era astuta.

Sem abaixar o dedo, respondeu ingenuamente:

– Papai Noel, ali fora, disse que o que eu quisesse ganharia e mandou eu entrar...

Soluçou alto, por três vezes.

– Quero aquela boneca...

Com evidentes sinais de desconforto, a gerente ainda arriscou, embora já suspeitasse qual seria a resposta:

– Onde está o dinheiro para comprar a boneca? Você sabe que ela custa caro, não sabe, meu amor?

– Não senhora, não sei, não tenho dinheiro. E estou com fome...

A gerente se perdeu e sem qualquer raciocínio mais adequado, forçou a saída daquela criança incômoda, pegando-lhe pelo braço e tentando levá-la para fora.

A criança reagiu:

– Estou com fome, me dá aquela boneca, para ser minha filhinha.

Sensibilizada, uma das freguesas, das muitas que agora rodeavam Karen, tocou levemente o ombro da gerente e assumiu a compra da boneca.

A criança, ao ganhar a boneca, ainda no interior da loja, abaixou a cabeça e disse para todos ouvirem:

– Meus irmãozinhos vão chorar quando eu chegar...

Sem entender direito, uma outra freguesa perguntou:

– Por que eles vão chorar?

– Porque eles não têm nenhum brinquedo.

– Quantos irmãos você tem?

– Dois.

– Quantos aninhos eles têm?

– Carlinhos tem quatro e Toninho tem sete.

Antes que a mulher dissesse palavra, outra freguesa adiantou-se, dirigindo-se a uma sua amiga:

– Você dá um brinquedo para um e eu dou para outro.

E assim foi feito, a loja iria entregar, na casa de Karen, um velocípede para o menor e uma bicicleta pequena para o maior. O custo dos três brinquedos, afinal, foi dividido entre cerca de oito freguesas, que fizeram questão de participar daquele caridoso ato.

E mais, deram-lhe também dinheiro, suficiente para, ao menos, uma boa ceia de Natal. Assim, poucos instantes após ter entrado na loja, "de mãos e bolsos vazios", a menina saía abraçada à "sua filhinha", tendo garantido bons brinquedos para seus irmãozinhos e ainda com dinheiro para "comprar comida".

Todos ficaram felizes.

Somente eu fiquei profundamente infeliz, vendo fracassarem meus redobrados esforços para impedir o mau proceder de Karen.

Embora criança ainda, ela já palmilhava estradas perigosas, e, o que é pior, com invisível e infeliz ajuda, para a qual deixou aberta sua mente infantil, rechaçando apoio cristão, invisível também.

Impossível deter a sensação de fracasso, seguida de grande tristeza que se abatem sobre mim.

Lágrimas incoercíveis saltaram de meus olhos, espelhando o quanto meu coração doía, ante a maneira infeliz com que aquela criança lidava com os sentimentos natalinos das pessoas.

Logo me penitenciei de um também infeliz pensamento que não pude evitar: Jesus, o Aniversariante que motivava toda a Humanidade cristã às comemorações do Natal, não merecia aquela torpeza. Ainda mais vinda de uma criança.

Arrependi-me ao recordar que o Amor do Mestre perdoou ofensas maiores; certamente, perdoaria também aquela.

– Natal, Natal, quando todos os homens darão Amor, uns aos outros, em vez de presentes materiais? – perguntei, pensativo.

AVENTURAS DA ALMA

Karen, dez anos mais tarde, decidiu arranjar um emprego melhor, pois, há poucos dias, pedira dispensa de suas funções de soldadeira de peças eletrônicas, na fábrica de televisões. Comprou um jornal com ofertas de trabalho e, não encontrando nada que despertasse interesse, resolveu andar pela área central da cidade, "buscando inspiração" de onde procurar emprego.

Ajudei-a. Respeitando seu livre-arbítrio e vendo que no jornal nada a interessara, induzi-a, pela linguagem mental, a procurar emprego em determinada Empresa, com sede na cidade e instalações industriais no campo.

No jornal havia um anúncio de emprego naquela mesma Empresa, mas ela não o viu. De acordo com minha missão, sugeri a tentativa que ela, felizmente, tinha aceito.

Ali se iniciava um complexo roteiro...

Dirigiu-se ao pequeno balcão onde o zelador separava volumosa correspondência.

Olhou o grande painel sobre as portas dos elevadores e leu: "USINA SANTA QUIROPITA", do oitavo ao décimo andar.

Instantaneamente, decidiu que tentaria se empregar na Usina.

Perguntou ao zelador:

– Por favor, o senhor conhece o dono da Usina?

O zelador olhou aquela moça, de estonteante beleza, ficando fascinado. Respondeu:

– É o doutor Oreppi.

– Obrigada.

Tomou o elevador e perguntou ao ascensorista:

– O doutor Oreppi já chegou?

Agora era o ascensorista que a olhava embevecido, cobiçoso. Karen, acostumadíssima a tais reações masculinas, não se perturbou, encarando o admirador.

– Sim, está. Já faz algum tempo que chegou.

A moça não disse o andar ao qual se dirigia. Confiou que o ascensorista lhe informaria, quando chegasse naquele onde o dono da Usina trabalhava.

No oitavo andar, com efeito, foi-lhe indicado:

– Moça, a presidência da Usina ocupa a ala direita do andar.

Karen deixou o elevador e, assim que as portas se fecharam, buscou identificar o ambiente. Tudo extremamente luxuoso, denotando prosperidade, dinheiro, muito dinheiro. Paredes inteiras de vidro, ora transparente, ora fosco, deixavam à mostra que a Usina investira pesado no seu escritório da cidade.

Dirigiu-se à recepcionista, que já a estava olhando há alguns segundos.

– O doutor Oreppi? – perguntou com serenidade.

A moça olhou a visitante, mediu-a pela terceira vez de alto a baixo e não pôde evitar um súbito mal-estar íntimo, pensando: "O que será que essa jovem quer com o doutor Oreppi"?

– Quem gostaria? – respondeu mecanicamente.

– Karen.

– Karen, de quê?

– Para ele, apenas Karen.

– Por favor, pode me adiantar o assunto?

Demonstrando contrariedade, Karen ergueu ligeiramente o queixo, elevando a voz:

– Foi a mãe dele que me encaminhou.

– Dona Lízzia?!

A recepcionista acabara de cair na armadilha, ao declinar o nome da progenitora do atual presidente da Usina. Pois, Karen, nem sequer sabia se o doutor Oreppi era moço ou velho, solteiro ou casado, se tinha pais vivos. Jogou alto. Arriscou.

Essa, a Karen de sempre.

– Sim, ela mesma – confirmou com a maior naturalidade.

– Um momento, por favor.

Pelo interfone a recepcionista contatou a secretária do doutor Oreppi sobre a visita.

A secretária respondeu apenas:

– Aguarde, por favor.

A recepcionista olhou interrogativamente para Karen. Esta confirmou que esperaria.

Sentou-se, numa confortável poltrona da ampla sala de espera, onde outros três visitantes aguardavam serem atendidos, certamente pelo doutor Oreppi.

Os três homens, como que magnetizados, não conseguiam desviar o olhar dela, desde que saíra do elevador.

Se os pensamentos dos homens pudessem ser unificados, seriam mais ou menos – "Esse doutor Oreppi não tem jeito mesmo, cada vez escolhe mulheres mais bonitas, também, com o dinheiro que tem".

Após alguns minutos em que Karen também folheava uma revista, uma das portas de vidro opaco se abriu e um visitante se despediu da secretária.

Ao abrir a porta para o homem que saía, a secretária olhou para os visitantes, fixando-se em Karen, admirou-se com sua beleza, a seguir, fechou a porta, desaparecendo.

Pelo interfone, autorizou a um dos homens que aguardavam que adentrasse, pois o doutor Oreppi o atenderia. Ainda pelo interfone, a secretária solicitou à recepcionista que "desse um pulinho" até sua sala.

Quando ficou a sós com os dois homens, Karen valeu-se da oportunidade, para obter algumas informações sobre aquela grande empresa e seus donos.

De bom grado os visitantes se prestaram a fornecer à jovem as respostas para as perspicazes perguntas que ela lhes dirigia. Sentiam-se honrados, para dizer o mínimo. Os homens eram fornecedores há longo tempo e por isso conheciam bem a Usina e toda a sua diretoria. Sem demora Karen ficou sabendo a idade do doutor Oreppi, quarenta anos, mais ou menos, que tinha um irmão, chamado Gino, solteiro, de "mais ou menos trinta anos", e mais: o presidente era casado e tinha três filhos; os "primeiros Oreppi" foram imigrantes italianos que tinham vindo para o Brasil, provavelmente no século passado, os atuais Oreppi já estavam na terceira geração de descendentes daqueles pioneiros.

Teve que interromper seu plano quando uma jovem, vindo de outra sala, dirigiu-se a um dos visitantes que aguardavam atendimento. Era a secretária do diretor de compras, que prestou determinada informação ao homem, tendo ele agradecido, logo deixando a empresa.

Quando a secretária ia se retirando, Karen, que ficou sabendo sua função pelo outro visitante, dirigiu-se a ela, solicitando a gentileza de informar onde era o toalete.

Com gentileza a jovem atendeu, convidando Karen a segui-la. Após percorrerem duas salas, indicou-lhe o banheiro feminino. Karen, novamente arguta, sorrindo de forma a demonstrar ingenuidade, declarou que estava realizando um trabalho escolar e precisava de informações familiares dos Oreppi, seus descendentes, como viviam em família, seus negócios atuais, seus gostos e vida social.

A jovem prontificou-se a informar o que sabia, dizendo que sobre a intimidade dos Oreppi nada poderia informar, até porque isso era terminantemente proibido.

Karen foi ao banheiro e instantes após dirigiu-se à moça, que lhe forneceu um livreto de propaganda sobre a Usina e sobre alguns produtos da marca Oreppi.

– Por acaso você sabe se aqui na Usina estão precisando de uma secretária? – perguntou como quem não quer nada.

A moça olhou-a, de alto a baixo, como que para confirmar se realmente aquela jovem tão bonita estava com vontade de trabalhar.

Quase que para encerrar o diálogo, informou:

– Lá na Usina estão precisando de uma auxiliar da assistente social.

Karen agradeceu e retornou à sala de espera, onde folheou o livreto, vindo a saber que os pais do doutor Oreppi, atual presidente, haviam se retirado dos negócios da família, passando ao primogênito a responsabilidade na condução dos destinos da Usina. Muitas eram as propriedades agrícolas e industriais da família Oreppi. A Usina Santa Quiropita era a principal. Os dois irmãos eram diretores em todas, sendo que Vittorio Grazziano Oreppi presidia a Usina e a empresa que comercializava os produtos da Usina de açúcar e álcool combustível, e Regino Grazziello Oreppi presidia a empresa que englobava as propriedades agrícolas de plantações de cana e de grãos.

Após quase uma hora, chegou a vez de Karen. Adentrou a sala da presidência.

O homem, atrás da mesa, sentado em cadeira de exagerado espaldar, dispensava apresentação.

Contudo, a secretária disse mecanicamente:

– O doutor Oreppi, presidente.

Retirou-se a secretária, em passos curtos, quase sem erguer os pés do chão, arrastando-os no polpudo carpete. Perpassou pela mente de Karen um pensamento de condenação pela subserviência demonstrada por aquela medrosa.

O homem trazia os dedos fortemente entrelaçados. Inquiridor. Nenhum gesto ou palavra.

Karen sabia, e disso abusava, que sua beleza, embora lhe trouxesse vários dissabores, a vida toda, pelo menos funcionava como um excelente "quebra-gelo masculino".

Se era sempre envolvente e dominante, ali encontrou oposição, totalmente inesperada.

O presidente, em atitude autodefensiva, adestradíssima, não demonstrou o mínimo interesse por ela. Acostumado a lidar com pessoas importantes, homens e mulheres de várias partes do mundo, poucas vezes demonstrava entusiasmo diante de mulheres.

Mulheres bonitas, muito bonitas, viviam cortejando-o, a maioria sem sucesso. Estava saturado do antiqüíssimo jogo do flerte, da aproximação e da conquista. Até porque, se até há algum tempo isso era de iniciativa masculina, ultimamente vinham sendo flexionados os ditames sociais, com as mulheres partindo para o "ataque".

Vittorio Grazziano Oreppi estava acostumado a administrar esses fatos, quase que diários. Seu olhar não era frio, nem quente, era simplesmente pétreo, pois encarava as pessoas sem piscar por longo tempo, e, geralmente, sem falar.

Ladina, Karen sempre se exultava ante a instantânea dilatação das pupilas masculinas quando, sensual, se aproximava dos donos delas.

Ali, quem se atrapalhou foi ela. Não era fácil aproximar-se do presidente. A mesa, atrás da qual Vito se posicionava, era de pedra, ovalada, com desenhos de figuras exóticas. Por si só aquela mesa já representava difícil barreira a ser transposta, pois era larga e comprida. Só se o presidente quisesse alguém receberia seu cumprimento de mão, o que era negado, ostensivamente, a nove, dentre dez visitantes. E o que era pior, em tom glacial eram quase todos tratados, nem sequer recebendo a gentileza de um convite para assentar.

Por sinal, havia apenas duas poltronas, em frente à mesa, porém distantes, impondo considerável dificuldade para as poucas visitas que viessem a usá-las. Tendo o encosto inclinado, as pessoas que nelas se assentassem ficavam para trás e "afundadas".

Assim, de pé ou sentados, distantes do presidente, para todos era sempre difícil o diálogo com ele. Raramente alguém tinha a honra de utilizar uma poltrona e o presidente levantar-se, dar a volta à mesa e utilizar a outra, formando clima coloquial. Tão pesadas eram as poltronas que não era fácil movê-las do lugar.

Pairava no ar um ambiente de coação para tudo, inibindo palavras em excesso, tom de voz alto, gesticulações ou tempo de permanência alongado. A mesa, como um ser vivo, ameaçador, parecia demonstrar grande superioridade sobre suas congêneres, pois sobre ela jamais alguém colocou papel ou escreveu algo.

Tudo isso tinha sido planejado meticulosamente por Vito, fato que não contava com a simpatia de quem quer que fosse, desde seus pais, irmão e principalmente visitantes.

Karen, de algum tempo treinada em impressionar homens, pela sua bela figura, sentiu-se fraquejar.

O homem não movia um único músculo, nem os olhos. Nada dizia. Aliás, não eram só seus olhos que eram pétreos, todo ele parecia ser de pedra. Como a mesa.

Decorridos alguns segundos, Karen quase desistiu.

Assaltou-lhe terrível desejo de retroceder, de sair correndo para a rua. Embora o ar condicionado estivesse ligado, sentiu asfixiar-se. Ficar de pé, sem qualquer gentileza do homem sentado, provocou-lhe grande desconforto. Num sobre esforço, nunca dantes necessário, raciocinou que era urgente dominar o pânico, se queria conseguir alguma coisa.

Tentando ser intimista, disse:

– Meu nome é Karen. Há menos de uma hora não conhecia essa Usina, nem o senhor.

Aguardou uma palavra, que não veio.

– Sei seu nome – prosseguiu –, sua idade, sei que é casado e tem três filhos.

O homem manteve-se impassível.

– Sei o nome do seu pai – continuou –, Guerino, sua mãe, Lizziana, seu irmão, Gino.

Karen sentiu como se estivesse sozinha naquela enorme sala. Parecia-lhe até que estava falando para as almas. Quase encostou na mesa, para de alguma forma ter qualquer tipo de apoio, que tanto precisava. Mas, ao dar um pequeno passo para ficar junto à mesa, teve a nítida impressão de que a mesa "não gostava dela". Recuou, sem sequer ter avançado.

Observei, horrorizado, que realmente a mesa "tinha vida", pois de suas bordas, invisível aos encarnados, escorria uma gosma fluídica, escura, malcheirosa, extremamente deletéria.

Passou pela minha mente a lembrança das lições aprendidas em aulas de psicometria, relativas à impregnação de fluidos nos objetos, por pensamentos contínuos, bons ou maus, de quem os usa. De fato, aquela mesa tinha sido construída e vinha sendo usada, desde quando ficou pronta, para rechaçar pessoas. Agora, já tinha "vida própria". Com ou sem seu dono por perto, ela "agrediria" quem quer que dela se aproximasse.

Tanta angústia tinha sido gerada ao redor daquele móvel, com tantas pessoas sendo maltratadas, que tais sentimentos tomaram forma, aderindo-lhe fluidicamente.

Naquele momento considerei que meu apoio seria aceito e por isso coloquei minha mão sobre o ombro de Karen, ao tempo que dirigi ao Mestre Jesus uma prece intercessória por ela.

Karen, ainda dessa vez, repudiou o auxílio. Tomou a decisão final. Arriscaria nos próximos segundos um lance diferente, e se não desse resultado, sairia sem olhar para trás. "Rebolando", pensou.

– Preciso de emprego – disse, dengosa. – Quero trabalhar aqui no escritório, de preferência com o senhor. Não sei operar com computador, pois não tenho dinheiro para estudar, mas aprenderei rápido. Não estou na Faculdade porque não tenho condições de fazer "cursinho vestibular".

Terminou seu breve "curriculum vitae" oral, em que buscou sensibilizar Grazziano, dizendo duas vezes "que não tinha dinheiro para isso ou para aquilo". Citou computadores por considerar que no mundo de hoje só progride quem sabe lidar com eles.

Acalmou-se por um instante, certa de que tinha acertado o alvo.

Só que o homem permanecia mais frio do que antes, como se isso fosse possível.

Karen abusou e fez atitude de que ia sentar-se.

Interceptando o gesto, o homem, pela primeira vez movimentou-se, apertou um botão do interfone e determinou:

– Dona Rita, faça o favor de retirar a visitante.

A secretária, meio assustada, adentrou, não sem antes pedir permissão. Erecta, olhando para o patrão, que nem sequer olhava para Karen, ouviu dele:

– Acompanhe esta pessoa até a rua.

As duas jovens olharam-se, surpresas. Karen não acreditava no que acontecia. De tão embaraçada, quase se descontrolou, ao choro. Rita, por sua vez, nunca recebera ordem similar. Imaginou estar diante de uma malfeitora, ladra ou..., de uma inconveniente amante, que ali viera fazer exigências, por isso mesmo sendo enxotada.

Mas aquela moça linda, pelas suas atitudes, que bem tinha observado, não tinha aparência de nada disso, tão-somente lhe parecendo uma das centenas de candidatas a emprego naquela grande empresa. Só lhe restou cumprir a ordem, com o que Karen espontaneamente colaborou, retirando-se, sem rebolar, sem dizer palavra, humilhada, gerando ódio.

Antes de transpor a porta de saída, formou na mente um quadro terrível: Oreppi, transformado em estátua, da mesma pedra da mesa, sendo implodidos ambos, ele e o móvel, transformando-se em poeira, em poucos segundos.

Sem atinar com a causa, antes de a moça sair Vito Grazziano sentiu subitamente um terrível mal-estar. Logo lhe sobreveio diarréia, seguida de crise de enxaqueca, insuportável.

Foi inevitável que deixasse o trabalho, indo para casa, onde se trancou num quarto escuro, após ingerir grande quantidade de comprimidos analgésicos. A dor de cabeça não cedeu e ainda por cima ficou intoxicado.

Com pena dos dois, refleti o quanto é perigoso e desaconselhável às criaturas levar suas almas a aventuras.

Beleza de um lado, tentando pela sedução impor-se ao poder, e este rechaçando tais investidas, sob a proteção do mando pela riqueza, formam um duelo de perigosas forças.

É uma aventura cujo desenlace nem sempre é feliz, geralmente provoca tormentas de prolongada duração na vida dos protagonistas.

Esquecem-se, tais duelistas, que com os sentimentos não se brinca.

Sentimentos moram na alma...

“ANJOS DA GUARDA”

Antes de mais nada, devo desculpar-me com os leitores por não ter ainda me apresentado, sou um Espírito devedor, que aceitou prazerosamente o encargo de ser o guardião de Karen, nesta sua jornada terrena.

Conheço Karen há muito tempo. Também ela me conhece. Nossas ligações transcendem o calendário, mergulhando no passado, impedindo, até mesmo para nós dois identificar seu começo.

Minha missão é basicamente incutir-lhe sugestões de como melhor proceder, tendo por baliza os ensinamentos de Jesus.

Cumpre assinalar, também pedindo desculpas pela demora em fazê-lo, que de "Anjo" não tenho nada, a não ser o nome funcional e como popularmente são chamados os Espíritos Protetores. Aceitamos, eu e meus colegas, essa distinção imerecida, porque é assim que somos carinhosamente tratados pelos encarnados.

Eis o lema do "Anjo da Guarda", baseado nos ensinamentos do nosso Mestre Jesus: "Ao próximo, o mesmo que para mim. E muita paciência!"

Estive presente nas várias reuniões em que foram detalhados os principais acontecimentos na vida daquela que se chamaria Karen, quando reencarnasse.

Os Espíritos que se agrupariam na jornada terrena ficavam numa sala, amparados por auxiliares dos Instrutores, e nós, seus futuros "anjos da guarda", ficávamos em outro ambiente, contíguo, mas sem sermos vistos.

Tal se devia à medida acautelatória dos instrutores, impedindo que os protegidos identificassem seus protetores futuros, nós, muitos dos quais, seus grandes devedores do passado distante.

Conhecia um dos instrutores, de nome Florêncio, sendo-me temporariamente vedada a recordação plena de minhas ligações com ele.

Desencarnada há já trinta e sete anos, estava na hora de Karen voltar ao corpo físico, para novos aprendizados.

Ali, todos nós, assistentes e convocados, estávamos unidos por laços do passado, negativos, em alguns casos.

Karen, na vida anterior, trocara o lar pelos prazeres mundanos. Desestruturando sua família, infelicitou o marido, sendo-lhe infiel, aos cinco filhos negou carinho materno. Entregando-se a orgias, trouxe para sua companhia Espíritos desajustados que a ela se uniram quais poderosas parasitas sexuais.

Desencarnou antecipadamente, acometida de doença que ela própria provocou, conseqüência do seu desrespeito quanto às previsões do Plano Maior. Seu comportamento libertino, culminando com a desencarnação prematura, foi considerado como suicídio indireto. Por isso, teve que purgar nas sombras umbralinas cerca de vinte e sete penosos anos, até que se esgotasse a carga vital que ainda se mantinha pujante nos seus escaninhos perispirituais. Esse seria o período de vida restante, programado para a jornada de então.

Por mais dez anos foi mantida na Espiritualidade, refazendo-se e sendo instruída quanto à necessidade da reconstrução moral, sua e de quantos tinha desencaminhado.

Renascer com a beleza por companhia foi pesada provação que lhe foi imposta, sendo alertada, vezes sem conta, de que deveria superar os impulsos de utilizá-la em proveito próprio.

LIVRE-ARBÍTRIO

Karen não atentou para o jornal, na busca de emprego, pois nele estava a oferta de auxiliar da assistente social da Usina Santa Quiropita. Mas, de qualquer forma, foi fácil a minha aproximação, sugerindo-lhe que buscasse emprego na Usina.

De maneira alguma pude prever seu comportamento, pois, ao se deparar com o luxo das dependências da sede da Usina, seu Espírito instantaneamente assumiu a postura do passado de grandezas.

Aliás, ao entrar no prédio lá estavam alguns Espíritos desencarnados, cobiçosos de poder, com ódio de todos os Oreppi, e dela, principalmente! Tais Espíritos, vendo Karen, de pronto captaram seu "astral", vendo sua aura. Três deles identificaram-na, a mãe indiferente, de outra vida, que os desprezara. O grupo infeliz acercou-se dela e envolveu-a em pensamentos de luxúria, induzindo-a ao procedimento que culminou com a sua literal expulsão, por Vito Grazziano.

Mantive-me à distância, em orações, desejando que aqueles Espíritos implantassem a fraternidade nos seus corações. Infelizmente, desprezaram minhas preces, dirigindo-me chacotas inomináveis.

Hipnotizada pelos malfeitores da espiritualidade sofredora, impediu qualquer ajuda. Por mais que tentasse, não consegui partir o fio mental que a ligou a eles. Nunca, como naquele instante, compreendi o que significa o livre-arbítrio, responsabilidade.

No instante em que Karen ia deixando a sala de Grazziano, elucubrando a terrível praga contra ele, redobrei energias no sentido de evitar agravamento do quadro. Infelizmente, porém, o presidente da Usina também trazia a mente congesta por pensamentos trevosos.

Estava às vésperas de fechar um grande negócio de exportação de açúcar e por isso tinha maquinado auferir, para si, parte do grande lucro advindo da transação. Em acordo com os intermediários internacionais da venda, tinha sido combinado que receberia sua "comissão" tão logo a carga fosse embarcada e o navio partisse. Num outro país, considerado "paraíso fiscal", seria feito depósito bancário, numa conta reservada, em seu favor. Com esse dinheiro, do qual não prestaria contas a ninguém, poderia satisfazer compromissos financeiros elevados de uma vida conjugal dupla que vinha há tempos mantendo às ocultas, mas que agora se complicara.

A amante, com a qual tinha dois filhos, os três vivendo à sua custa, contraíra doença infecciosa e o tratamento hospitalar, caríssimo, de nada vinha adiantando. De início, pneumonia. Após, recrudescendo, tuberculose.

Quando Karen mentalmente formulou o terrível quadro de Vito implodindo, mal sabia ela que contava, então, com eficiente assessoria das trevas, os Espíritos que a envolviam, desde a entrada naquele prédio.

Mas para agravar mais a situação, outras entidades desencarnadas adentraram a sala e postaram-se junto ao homem, insuflando-lhe idéias terríveis, cruéis.

Indeclinável lembrar do conselho do Mestre Nazareno, quando nos recomendou a oração e a vigilância permanentes. Atitude, na qual, infelizmente, só eu estava.

Ataque e contra-ataque, simultâneos, um tosco aríete fluídico formou-se no ar, partindo de Karen, dirigindo-se em fulminante e certeira trajetória rumo à cabeça do homem. Agravante do poder destruidor do aríete, milésimos de segundo antes de atingir o alvo, uma porção considerável da gosma que escorria da grande mesa nele se fixou.

Perplexo, quase que sem acreditar no que via, percebi que Vito recebeu o petardo, em cheio, na cabeça, o qual literalmente "entrou" nela, desaparecendo de minha vista. Tudo porque estava desguarnecido moralmente, com suas reservas espirituais anuladas, não ofertando o menor obstáculo ao mal, ali representado por aquele projétil etérico. Sua cabeça, aliás, abrigava verdadeiro braseiro, pelo tumulto dos seus pensamentos, rigorosamente de ordem inferior, todos.

Quando Karen se voltou para sair, ele imaginou que seria ótimo que aquela petulante morresse, embora nunca a tivesse visto, antipatizara com ela tão logo a vira. Da sua fronte saíram invisíveis dardos incandescentes que atingiram Karen, fazendo-a imaginar-se com fogo nas costas, tamanho o calor que a assaltou. Ainda aqui, de forma estranha, os dardos estavam envoltos na gosma fluídica que havia na mesa.

Meia hora depois, Karen estava de cama, com súbito mal-estar, "sentindo-se incendiar", conforme dizia para sua aflita mãe. E Vito Grazziano, também de cama em sua casa, estertorava ante a pior crise de enxaqueca de sua vida.

No dia seguinte, Karen, que mal dormira, tendo tido alguns pesadelos, estava debilitada. Sua mãe, espírita fervorosa, chamou uma amiga, médium, para que socorresse sua filha, que julgava atacada por Espíritos ruins, segundo pressentimentos não de todo inverídicos.

As duas mulheres leram o texto "Os Tormentos Voluntários", do capítulo V – Bem-Aventurados os Aflitos –, de *O Evangelho Segundo o Espiritismo*, de Allan Kardec, referente à causa dos tormentos que nos afligem, causas essas às vezes de outras vidas, mas nem sempre.

Sensibilizada pela doença, Karen fixou na mente que seu mal era oriundo do mau procedimento. Pensou: "Como sou burra, como fui burra, nunca deveria ter ido lá na Usina e ter agido daquela maneira, até parece que não era eu que falava".

Recebeu o passe espírita e logo após adormeceu. Sonhou. Com o marido ao qual traíra, com cinco filhos, que abandonara, e também com o doutor Oreppi.

Ao acordar, só se lembrava que tinha sonhado com o presidente da Usina, a quem conhecia de longa data, havendo entre ambos fortes laços de inimizade. No sonho, ele estava de cama muito doente, não tendo muito tempo de vida.

Mesmo tendo sido humilhada a mais não poder por aquele homem, sentia algo inexplicável por ele, não atração, mas, paradoxalmente, preocupação por seu bem-estar. Atribuiu tal sentimento à fraqueza que a vitimara, conseqüência da noite maldormida.

Reflexo da educação religiosa que recebera, conseguiu orar, pedindo a Deus que lhe desse forças para continuar procurando emprego. Terminou a prece pedindo também que o presidente da Usina Santa Quiropita perdesse aquele orgulho todo e tratasse melhor as pessoas.

Nos dois dias seguintes, sentindo-se melhor, prosseguiu na busca de emprego, nada conseguindo.

A enxaqueca que irrompeu em Vito só teria alívio ou cura se ele sintonizasse no Bem. Mas aconteceu justamente o contrário. Adoecendo, amaldiçoou Karen, que tinha provocado sua dor de cabeça, impedindo-o de concretizar os últimos preparativos para receber sua "comissão", que dessa forma reverteu para a Usina. Vito estava há três dias recolhido ao lar, doente. Como a dor de cabeça não passasse, até pelo contrário aumentasse, além da diarréia não ceder, inclusive agora sangrando, Vito foi internado em hospital.

O empresário tão imponente, tão rico, agora estava reduzido a um trapo. No seu rosto, manchas escuras...

Karen, após o quarto dia da malfadada tentativa junto à Usina Santa Quiropita, comprou o jornal, para ver se dessa vez tinha mais sorte na procura de emprego.

Ainda na primeira página, com algum destaque, leu:

"PRESIDENTE DE USINA TENTA SUICÍDIO".

Levou um susto. Premonitoriamente, pensou em Vito.

De fato, era ele. Tinha dado um tiro na cabeça, sendo atribuído tal desespero a uma dor de cabeça que aumentava a todo instante. Estava entre a vida e a morte, sendo remotas as chances de sobrevivência.

Karen retornou ao lar, assustadíssima. Quando chegou, levou outro susto pois um carro policial estava estacionado defronte. Preocupada e em grande desconforto moral, entrou rápido em casa. Na pequena sala de visitas estavam dois senhores, de terno e gravata, conversando com sua mãe que denotava grande aflição, lívida e tremendo. Respondia às perguntas dos homens balbuciando de forma quase ininteligível.

Os homens levantaram-se à entrada de Karen. Nem foi preciso apresentar-se.

– Karen?

– Sim.

– Gostaríamos de ouvi-la, em averiguações iniciais, relativas ao "problema" do doutor Oreppi.

Aqui se repetiu o que mais Karen sabia fazer, dominar ambientes francamente favoráveis ao sexo masculino. Se a Polícia viera até sua casa, falar do presidente da Usina que tinha tentado o suicídio, segundo o jornal, então por que não tirar alguma vantagem disso?

Pensou rápido. Com calma estudada, devolveu o "gostaríamos":

– Gostaríamos, eu e mamãe, de saber em primeiro lugar quem são os senhores e que documentos os autorizam a estar em nossa casa.

Sem se embaraçar, o policial que lhe dirigira a palavra corrigiu seu pequeno deslize, respondendo:

– Sou o doutor José dos Santos, Delegado de Polícia, Setor de Crimes Contra a Pessoa. Meu companheiro, Ambrósio da Mota, é Investigador, lotado no meu Departamento.

Mostrou a identidade, com o distintivo metálico. A seguir, retomou o controle do questionário:

– Desde quando você conhece o doutor Oreppi?

– Há muito tempo – mentiu Karen.

Na verdade, Karen não estava mentindo. Vittorio Grazziano realmente fazia parte do seu passado, do seu presente e certamente do seu futuro.

Mas, como nas coisas morais o que conta é a intenção, ali a jovem colocou mais alguns gramas de dívida ao fardo de dificuldades que teria que carregar em sua trajetória futura.

– Por favor, senhorita, há quanto tempo, precisamente?

– Não sei.

– Como não sabe? – insistiu o policial.

Já nessa primeira questão a autoridade se irritou e resolveu ser mais incisivo:

– Estivemos na sede da Usina e vimos seu nome como sendo a última pessoa com a qual o doutor Oreppi conversou antes de... adoecer, isto é, antes de ele se acidentar.

– Antes de tentar se matar, não é doutor? – adiantou-se Karen, deixando atrapalhado o cauteloso interlocutor.

– Assim diz a imprensa. Sabe nos dizer por que ele teria feito isso?

– Isso é coisa só entre ele e eu – voltou a mentir.

Tarimbado, o Delegado percebeu que nada mais conseguiria daquela jovem, aliás, nada tinha conseguido. Como suspeitara, a questão era íntima, provavelmente envolvendo relacionamento passional entre o usineiro e a moça. Ademais, como seria possível mesmo que o doutor Oreppi, notório aventureiro extraconjugal, não sucumbisse ante aquela formosura? Assim pensavam os dois homens.

Karen levantou-se, encaminhou-se para a porta, abriu-a lentamente e disse absolutamente senhora de si:

– Muito prazer. Passem bem.

Sentindo-se enxotados, os policiais retiraram-se. Em suas anotações o Delegado consignou que a jovem, provavelmente amante do "acidentado", privava de sua intimidade. Por enquanto, nenhuma culpa podia ser atribuída a ela, tal transparecendo pela segurança das respostas obtidas, embora de forma evasiva.

Quanto a Karen, assim que os Policiais deixaram sua casa arquitetou um perigoso plano, mas que, se desse certo, faria sua definitiva independência. Surda a todos meus conselhos, para desistir de tão escabrosa maquinação junto a pessoas sofridas, Karen novamente voltou a envolver-se com Espíritos trevosos. Seus pensamentos negativos funcionaram como poderoso ímã, atraindo o grupo espiritual que a rondava.

Como três fundamentais virtudes são exigidas para a minha função, paciência, tolerância e persistência, não a abandonei.

Abandoná-la nem mesmo passou pela minha mente.

Após o almoço, Karen voltou à cidade, comprou outros três diferentes jornais e leu as notícias relativas à tentativa de suicídio. Arrepiou-se toda ao ler, num dos jornais, em apenas um pequeno trecho, que a Polícia tinha descoberto que uma jovem belíssima tinha sido a última pessoa a conversar com o doutor Oreppi, antes de ele ser internado no Hospital, onde intentara suicidar-se.

"É sobre mim que o jornal fala" pensou.

Ainda pelos jornais ficou sabendo que Gino, o irmão mais novo, tinha assumido temporariamente a presidência da Usina.

Aquela, a sua oportunidade. Decidiu, afrontosamente, voltar à Usina.

O AMOR E AS MARGARIDAS

Redobraram-se minhas preocupações quando Karen retornou à Usina, pois captei seus sinistros planos, usufruir benefícios materiais de monta, valendo-se da tragédia que se abatera sobre os Oreppi.

Ao perceber seu propósito, tentei desesperadamente dissuadi-la de prosseguir, mas quem disse que me ouviu?

O maquiavelismo dos seus planos como que construiu um muro de cinco metros de altura, à sua volta, tornando inexpugnável o acesso à sua alma. No entanto, e foi aí que quase me descontrolei, tamanho meu espanto, outras companhias espirituais infelizes foram candidamente aceitas no interior daquela fortaleza mental que ela era. Só de olhar para as entidades me condoí de Karen, eram Espíritos fixados em mesquinharias e promiscuidade, mas perfeitamente sintonizados com os pensamentos dela. Os que tinham sido seus filhos nem sequer se lembravam mais que um dia ela lhes dera abrigo no ninho materno. Formando um sinistro grupo, Karen estava rodeada desses malfeitores espirituais, impedindo qualquer aproximação.

Deduzi, sem maior esforço, que a família Oreppi tinha dezenas de inimigos desencarnados, pois os recém admitidos entenderam-se muito bem com aqueles que tinham "assessorado" Karen, quando do seu infausto encontro com Vittorio Grazziano.

A jovem, incauta e fixada com cupidez nos bens materiais, não se dava conta de que estava sendo joguete nas mãos habilidosas de mentes cruéis, sequiosas de vingança.

– "Meu Deus!" – disse então, numa prece. – "Suplico a caridade de auxílio urgente, para que nossa irmã Karen não sucumba ao mal, mais uma vez".

Fiquei aguardando e não demorou estava em companhia de dois amigos espirituais, um, já meu conhecido, de pequena estatura, olhar muito calmo, gestos tranqüilos, que me cumprimentou fraternalmente:

– Louvado seja Deus. Em que podemos ajudá-lo? – assim cumprimentou-me Florêncio.

O outro amigo, que via pela primeira vez, era simplesmente de um porte que "não existe", de tão grande. Mas, apesar dos seus quase dois metros e meio, ele existia sim. Estava a um passo atrás de Florêncio. Notei, sem receio mas com muito respeito, que seus olhos eram limpidamente claros, enérgicos, sem contudo demonstrar dureza. Sua estatura era de assustar a quem quer que fosse, eu próprio estava assustado, pois nele tudo traduzia força bruta, colossal.

– Louvado seja Nosso Pai! – respondi, olhando-os feliz. – Nossa irmã está confinada naquela fortaleza de fluidos negativos, sendo assessorada por irmãos infelizes, todos tendentes ao mal. Se Deus permitir, gostaria que ela fosse impedida de prosseguir nessa infelicidade, pois, como sabe, sou responsável por seu progresso espiritual.

Karen, com efeito, achava-se envolta em espessas nuvens escuras, de onde vultos sinistros emergiam, deixando à mostra rostos carrancudos, perturbados. Tais vultos, sintonizados em faixa vibratória extremamente inferior, não percebiam nossa presença.

– Letes é meu ajudante – falou Florêncio, depois de refletir por alguns instantes. – Penso que devemos providenciar para Karen um tratamento de choque, ao menos para sustar seu infeliz procedimento.

Inescapável meu júbilo pelo prestimoso apoio do Irmão Florêncio, "reforçado" por Letes, que acabava de me ser apresentado e sobre o qual gostaria de ter mais algumas informações. Considerei, porém, que o momento não era para perguntas e sim para ação, por isso me surpreendi quando Florêncio recomendou oração e imobilidade.

Não entendi mas não contestei a atitude daquele homem que, com seu amigo grandalhão, vinha como mensageiros de Jesus, atendendo minha prece, pedindo socorro. Confiei, apenas.

Karen entrou no prédio, com as tristes companhias. Já na fila do elevador percebeu que os olhares se dirigiam para ela, atônitos, assustados ou curiosos.

O mesmo ascensorista arregalou os olhos:

– Como... vai?

– Bem, obrigada.

– Qual andar?

– Adivinha...

– Oitavo.

Karen apenas sorriu, confirmando.

Antes de Karen chegar, nós três já estávamos à sua espera.

A mesma recepcionista também atendeu-a.

– Quero falar com Gino – disse-lhe Karen.

A recepcionista, lembrando-se de Karen, pensou, "tanta intimidade mostra que realmente essa moça tinha e tem algo muito misterioso com os Oreppi".

– Seu nome... é Karen, pois não?

– Pois sim.

– Posso saber qual o assunto?

– Não.

A recepcionista franziu a testa, invadida que foi por grande desconforto e repúdio por aquela jovem à sua frente. Pensou, ainda: "Ela é linda, misteriosa e mal-educada, mas em poucos minutos descontrolou o doutor Oreppi, alguma coisa me diz que está a fim de mais confusão".

– Aguarde um momento, por favor – disse apenas a recepcionista.

Dirigiu-se à sala da secretária da presidência, Rita, e logo voltou.

– Pode entrar. Doutor Gino vai atendê-la.

Entramos juntos, Karen, "seus assessores" e nós três. Rita apenas abriu a porta e fechou-a, após a entrada da visitante.

A postura de Karen agora era outra, completamente diferente daquela de menos de cem horas atrás, quando então tinha sido praticamente escorraçada dali. Altaneira, achegou-se junto àquela "detestável" mesa, onde um jovem bastante simpático, conforme ajuizou, aguardava-a de pé, não na suntuosa poltrona do meio, mas, sim, no canto mais próximo de quem entrasse.

O homem, que estava lendo um livro, contemplou-a, deixando transparecer ao mesmo tempo curiosidade, questionamento e infelicidade. Largando o livro sobre a mesa, aberto na página que lia, disse gentil:

– Boa tarde, Karen. Em que posso servi-la?

"Bom", pensou Karen, "agora é este que abre a boca em primeiro lugar, diz meu nome, além de me receber de pé, não daquela maneira imbecil do irmão".

– Não sei se o senhor pode ajudar-me em alguma coisa, mas vinha passando e pensei em ajudar sua família.

Gino sentiu um frio percorrer-lhe a espinha, o que sinalizava algo de errado com aquela moça, mas, ao mesmo tempo, pressentiu que ela tinha algo a ver com a tragédia que a família estava vivenciando.

– Como assim? – respondeu.

Karen, com a maior tranqüilidade, começou naquele preciso momento a desenovelar sua trama.

– Estive com seu irmão, penso que fui a última pessoa a conversar com ele e imaginei que o senhor gostaria de saber sobre o que conversamos.

Aflito, Gino convidou-a a sentar-se, numa das tais poltronas inclinadas. Após Karen sentar-se, ele se acomodou ao seu lado, estabelecendo contato com mais proximidade e conforto, já que a disposição das poltronas tinha mudado, estando agora quase juntas.

– O que vocês conversaram? – perguntou Gino.

Aquela era a oportunidade que Karen aguardava.

Nesse preciso momento, para surpresa minha, vi algo que nunca tinha presenciado. Florêncio, até então imóvel, apenas observando a cena, elevou as mãos para o alto, olhos fechados em atitude de prece.

Sem dizer palavra, foi aos poucos sendo iluminado, "de dentro para fora".

Letes baixou a cabeça e juntou as mãos, também em oração. O momento era de sublime expressão. Vindo do alto, pequenino foco de luz foi aumentando de intensidade e logo me pareceu que um farol estava sobre todos nós. Eu e meus companheiros ficamos abrasados de paz e fé.

Extasiado ante tudo aquilo, repreendi-me por estar tão-somente contemplando toda aquela maravilhosa bênção que fluía sobre o ambiente. Penitenciando-me, também elevei o pensamento a Jesus.

Florêncio tocou de leve no ombro de Letes e ficou assim por alguns instantes. Ante o toque de Florêncio, o gigante passou também a se iluminar, igualmente "de dentro para fora".

Decorridas frações de segundos, sem nada ter sido dito, Letes caminhou em direção ao cinturão de força negativa no qual Karen e comparsas se encerravam e adentrou-o, pulverizando as espessas nuvens, deixando a descoberto o grupo infeliz.

Nenhum ruído. Nenhuma violência. Os amigos de Karen não suportaram encarar a luminosidade de Letes, agora seguido de Florêncio. Tontos, abandonaram tropegamente o recinto. Florêncio colocou a mão sobre a cabeça de Karen e ela sinalizou mal-estar súbito.

Nesse ponto, entendi, sem que palavras fossem ditas por absolutamente desnecessárias, que um sublime socorro estava sendo dispensado: provocando indisposição na jovem ela seria obstada em seus propósitos.

Gino, fraternal e educado, apoiou a moça. Quando percebeu que ela talvez desmaiasse, amparou-a com seu corpo, impedindo provável queda.

Nesse instante, só nós três pudemos testemunhar algo inimaginável a encarnados, quando Regino Grazziello amparou Karen, seus corpos naturalmente se uniram e em torno deles várias luzes se acenderam e faiscaram, como num grandioso "miniespetáculo" pirotécnico, só que fluídico, invisível a ambos.

Tão grande a intensidade do choque elétrico que percorreu os dois jovens, que perderam a fala.

Apenas se miravam, olhos muito próximos.

Um pouco atrapalhado pela doce sensação que o envolvia, embora contraditoriamente seu cérebro estivesse em desconforto ante a presença da conhecida de seu irmão, Gino apenas fitava-a, embevecido.

Livrou-os desse impasse Florêncio que, retirando a mão da cabeça de Karen, sugeriu-me e a Letes que nos afastássemos, aduzindo pela linguagem do pensamento:

– O encontro entre ambos se formalizou, não da melhor maneira, mas sempre se formalizou. Deus nos amparou, como sempre, e por isso damos-Lhe graças! Deixemos que a Vida agora continue seu curso.

Antes de nos retirarmos, ainda ficamos poucos instantes ali, emitindo vibrações de paz ao ambiente.

Notei, sendo impossível disfarçar meu assombro, que a mesa agora não trazia mais aquela gosma repugnante, mas, ao contrário, tinha se transformado num verdadeiro canteiro espiritual, onde, quase que de repente, começaram a surgir, aqui e ali, lindas margaridas...

Fixando-me nessa incrível e maravilhosa transformação ambiental, atinei com a causa, o livro, aberto sobre a mesa, e que até há pouco Gino estava lendo, era o *O Evangelho Segundo o Espiritismo*. A lição, no capítulo XIX: "A Fé, Mãe da Esperança e da Caridade".

– O que você está sentindo? – perguntou Gino à jovem.

– Nada, nada.

Karen não poderia confessar que estava sentindo algo que nunca sentira antes. Inexplicável, mas muito forte, agradável.

– Nada, nada – repetiu.

– Posso servir-lhe um copo d'água?

– Sim, por favor.

Abrindo pequena geladeira ao lado de sua mesa, Gino ofereceu um copo de água que sorvido recompôs parcialmente Karen. Sentindo-se melhor e sem entender o que estava se passando, envergonhada, decidiu deixar seu plano para outra ocasião.

– O senhor me desculpe – disse, fazendo menção de se levantar –, mas não estou me sentindo bem. Voltarei outro dia para conversarmos.

A presença da moça ali tinha expressiva conotação para Grazziello, pois de alguma forma seu irmão tinha o destino ligado a ela, "trágico destino". Atropelando suas idéias, pensava: "Que ligações seriam essas? O que será que houve ou há entre Vito e essa moça? Santo Deus! deve ser alguma coisa muito forte, pois, poucas horas depois de deixá-la ele adoeceu. Seria por causa de alguma notícia grave? E por que tentou o suicídio? O que teria levado meu pobre irmão a esse gesto louco? E agora, só de falar o nome dele sentiu-se mal".

Karen captou a aflição daquele "agradavelmente perturbador" executivo à sua frente, tão diferente do irmão.

– Voltaremos a nos ver – prometeu emocionada –, se Deus quiser.

Não se preocupe com Vito, e em tudo que puder fazer por ele conte comigo.

Mesmo sendo generosa, não deixava de ser astuta.

Gino pensava ainda: "Como é bonita essa mulher, não me admira que Vito tivesse se ligado a ela e, por algum motivo, ter perdido a cabeça; esse mal-estar súbito seria... gravidez? Vito?!".

Pensou na cunhada e nos filhos, "Marlene e meus sobrinhos devem estar sofrendo muito, será que ela sabe da infidelidade de Vito com Karen"?

Todos esses pensamentos foram formulados em segundos. Certeza, nenhuma. Dúvidas, todas. Vendo a moça levantar-se, Gino teve um impulso:

– Não se vá, por favor – disse pondo-se à sua frente e colocando as mãos nos ombros dela.

Nele, subitamente, havia se instalado a sensação de perda. De Karen!

Pensava: "Conheço-a há menos de dez minutos e já temo perdê-la! Como era possível"?

Karen, ligeiramente atordoada pelo mal-estar que ainda não passara de todo, mas também pelas fortes emoções que envolviam seu coração feminino, por isso mesmo sonhador, percebeu o influxo da voz de Gino. Olhando-o de frente, viu duas pupilas dilatadas, denunciando sentimentos intensos no dono dos olhos. Só que dessa vez todo o clima era diferente, não insuflando luxúria ao ambiente.

De repente, pensou: "Será que minhas pupilas também estão dilatadas?" Urgia saber a resposta.

Eletrizados, olhavam-se profundamente, eternizando o instante mágico que viviam, ambos, por primeira vez.

Mas não conseguiu ficar e, acompanhada cavalheirescamente por Gino, retirou-se. Ao adentrar o elevador, onde havia um pequeno espelho que facilitava ao ascensorista saber se vinha vindo alguém para usá-lo, olhou-se nele. Sim... as pupilas estavam... Sem entender o que estava acontecendo, Karen retornou à sua casa. Leu e releu dezenas de vezes, em vários jornais, a notícia da tentativa de suicídio de Vito. Inevitável refletir que por duas vezes estivera na sede da Usina e em ambas saíra de lá sem conseguir o que queria. E pior, nas duas visitas foi acometida por um mal-estar.

– "É a segunda vez que me sinto mal lá. Será que há alguma coisa maligna naquela Usina"?

Ante esse pensamento, e por ainda estar um pouco abalada com seu encontro com Gino, cuja figura não saía da sua mente, teve um instante de inspiração e orou.

Lembrou-se das lições recebidas quando criança, nos cursos de evangelização infantil, ministrados no Centro Espírita que sua mãe freqüentava. Tinha aprendido que todos temos um Espírito Protetor, os chamados "anjos da guarda", que podem ter sido espíritos familiares ou apenas espíritos simpáticos. Pediu então ao seu anjo guardião, eu, no caso, que não a deixasse entregue a tanto sofrimento, questionava, na prece: "Meu bom "anjo", por que você me abandonou? Pois então você não está vendo que preciso urgente de um emprego? Por que você está com raiva de mim? Sim, pois só a sua raiva pode justificar o grande desamparo que sinto de sua parte, por duas vezes precisei de você e fui abandonada".

Ouvi em silêncio a prece. Às suas, uni minhas preces. Roguei ao Cristo que não nos deixasse sucumbir ante as dificuldades.

Karen sentiu-se melhor. E eu também. Procurei intuí-la à desistência dos planos relativos aos Oreppi. Passei-lhe idéias de confiança nos desígnios divinos, de esperança em dias de prosperidade espiritual, quando, pela vontade do Pai, realmente seria incorporada ao contexto familiar daquela família.

Havia previsão para isso acontecer. Conhecia o programa estabelecido para Karen, para sua atual etapa reencarnatória, e, por isso, foi com tristeza incontida que percebi a não aceitação das minhas sugestões.

Karen, sentindo-se melhor, voltou a ter a mente alvoroçada, atropelando idéias, na busca de solução para suas expectativas. Não iria desistir agora que conhecera o outro irmão Oreppi, ainda mais que com ele também se envolvera, embora superficialmente.

"Por enquanto" – pensava, pois alguma coisa, na sua alma feminina, anunciava-lhe que talvez, entre ela e Gino, acontecesse o que estava pensando em dizer que já tinha acontecido entre ela e Vito.

Almejava poder, fortuna, luxo, que só junto aos Oreppi conseguiria. De tal forma fixou seu pensamento nisso que começou a ter visões: via-se cortejada por muitos, numa posição social elevada, muito rica. Em seu infeliz devaneio, não percebeu que outra vez estava abrindo as portas do seu coração ao mal. E o Mal, tanto quanto o Bem, não tarda.

Basta a mínima invocação e invariavelmente se apresentam. É inexorável. Tal é a lei de atração.

Por meio da Parábola do "Filho Pródigo", Jesus delineou, para sempre, as conseqüências da opção humana, quanto ao próprio destino. É de tal sublimidade o significado dessa Parábola que ele é aplicável e pode ser endereçado ao macro e ao micro: pessoa, família, grupo, sociedade, nação ou até mesmo toda a humanidade. Aliás, a Terra vem demonstrando seu enquadramento neste último endereço da Parábola.

Assim é que Karen, se há pouco estava apenas com a minha companhia, mesmo pensando que eu a abandonara, por suas divagações de grandeza foi atraindo uma, duas, três, várias entidades desencarnadas. Todas, invariavelmente, sintonizadas com sua tela mental.

Outra vez fui afastado, tendo que manter-me à pequena distância, com grande esforço, pois os parceiros de Karen que eu já conhecia me identificaram e logo passaram a me insultar.

Já tinha visto outras vezes infelizes simbioses espirituais entre encarnados e desencarnados, mas, mesmo assim, ao ver aquela belíssima jovem ser enlaçada por criaturas desgrenhadas, não houve como evitar um quase espasmo que me atingiu. Não esmoreci e nem seria justo fazêlo. Perderia muito mais eu do que Karen, pois o Alto confiava em mim e não seria eu, com minha fraqueza ou eventual desistência, o "elo partido" a interromper as ações naquela corrente de pessoas e destinos.

A prece, ainda uma vez, socorreu-me. Tão logo fixei meu pensamento na doce figura de Jesus em oração no Horto das Oliveiras, segundo um inspirado quadro terreno, senti-me fortalecido, pleno de paz e energia para não desanimar.

Karen arquitetou novo plano, auxiliada por aquelas mentes sequiosas de vingança. Estava fixada obsessivamente no traiçoeiro deslumbramento das homenagens e prazeres terrenos dispensados aos ricos, quase sempre hipocritamente. Almejava ardentemente ser rica.

De súbito, em seu cérebro reverberou uma importantíssima lembrança, tinha uma amiga, Matilde, que era auxiliar de enfermagem no hospital em que Vittorio Grazziano Oreppi estava internado. Não era bem uma "grande amiga", mas conhecida. Tinham sido vizinhas, por dois ou três anos, tendo Matilde se mudado recentemente. Eufórica, levantou-se e sem tardança dirigiu-se àquele hospital. Procurou por Matilde e logo reviu a ex-vizinha, que a acolheu contente.

Após falarem banalidades, Karen tateou o caso Oreppi:

– Matilde, tenho uma confidência muito grave para lhe contar, mas não pode ser aqui. Gostaria de almoçar com você hoje, num restaurante.

Conhecendo Karen, mas desconhecendo seu intento em procurá-la, Matilde não "acionou" de pronto suas defesas, mas também não se deixou influenciar.

Em menos de um segundo raciocinou: "Karen me procura, diz que tem algo grave para me contar; não deve ser sobre doença de algum parente, senão não precisaria todo esse segredo, então deve ser alguma coisa sobre ela mesma, mas seria doença? Não, não pode ser doença, pois está com ótima aparência, o que será? Será... sobre aborto?

Pensou nessa última hipótese ao recordar-se de que algumas poucas vezes saíram juntas, indo a cinemas e a bailes.

"Pobre Karen", pensou, "vai perder seu tempo, pois jamais participarei de tão monstruoso crime".

Ponderou, contudo: "Vou aceitar seu convite, pois, se realmente ela estiver pensando em aborto, talvez possa demovê-la de tão cruel decisão, mostrando-lhe que a Vida vem de Deus, quem sabe eu consiga fazê-la aceitar essa dádiva sublime que é dada à mulher para ofertar luz a um filho, que antes de ser dela o é do Pai Celestial". Com esse último pensamento, aceitou o convite.

Almoçaram, sem que Karen tocasse no assunto grave que mencionara. Matilde passou a ficar "em guarda", esperando a tal notícia.

As companhias espirituais de Karen não a deixavam. Dividiram-se em dois pequenos grupos, ficando dois espíritos com ela e três com Matilde. Incessantemente, martelavam nas duas amigas sugestões congruentes ao plano de Karen, nela, reforçando os objetivos materiais, e em Matilde, idéias de amizade, de ajuda, de dó, tudo em favor da amiga à sua frente.

Percebi que não poderia reverter a situação. Constrangido, voltei a apelar para a Bondade Divina. Pensando em Florêncio, orei. Compreendi, muito feliz, que a paciência não era conquista apenas minha, pois Florêncio se apresentou, com olhar suave e protetor. Letes não o acompanhava.

Antes que eu abrisse a boca, falou mansamente:

– Não podemos e nem devemos desrespeitar o livre-arbítrio de Karen. Sabemos disso muito bem, mais você até do que eu. Vamos unir nossas preces em benefício não apenas dela, mas de todos os que aqui vemos e aqueles aos quais ela e seus comparsas querem prejudicar.

Florêncio mantinha os olhos fechados.

– A ligação de Karen com os Oreppi vai acontecer – esclareceu após alguns instantes – até porque isso é decisão superior. A forma como se dará, contudo, estará condicionada aos passos dela, com evidência positiva ou negativa. Melhor será confiar no Pai, pois Ele, na Sua Sabedoria, permite que todas as coisas que acontecem, previstas por Sua Onisciência, mas geralmente imprevistas para nós, resultem sempre em fator evolutivo. Claro que o diapasão da Justiça dá o tom desse progresso, alcançado com sorrisos ou lágrimas.

Compreendi por inteiro a sábia lição. Abraçando-me, Florêncio se despediu.

Karen, "quase distraidamente", olhou Matilde bem no fundo dos olhos e disparou:

– Sabe, Matilde, estou completamente aturdida com uma coisa horrível que me aconteceu.

– Pelo amor de Deus, Karen, do que se trata?

– Estou abalada, pois estou de caso com um homem internado no "seu" hospital.

– Quem?

– Vito... Oreppi – vacilou de propósito.

Matilde arregalou os olhos. Assustou-se. Realmente, não se falava outra coisa no Hospital, a não ser sobre o usineiro, talvez o homem mais rico e poderoso da cidade, que tinha tentado se matar.

– Você o conhece?!

– Sim. E muito.

Matilde, perplexa, sem saber o que dizer, perguntou:

– O que você quer de mim?

– Nada, nada demais, apenas que você o ajude, no que puder.

– Eu?!

– Sim.

– Mas ele não está sob meus cuidados.

– Não importa.

E quase chorando, disse, dramática:

– Pelo Amor de Deus, veja então quem cuida dele e não deixe faltar nada.

– Mas não falta nada para ele. O que há de melhor está sendo propiciado. Os melhores médicos, só enfermeiras-chefes...

– Eu sei, eu posso imaginar; mas, você pode calcular como estou? Estou a ponto de explodir. Preciso saber como ele está e caso me chame tenho que socorrê-lo. Ninguém sabe do "nosso caso", por isso quem estiver perto dele precisa me chamar, caso ele queira se despedir de mim, antes... de morrer.

Matilde, profundamente sensibilizada, apiedou-se de Karen e respondeu sem pestanejar:

– Não posso garantir nada, prometo apenas que vou tentar...

Karen levantou-se, deu a volta na mesa, colou o rosto sobre a cabeça de Matilde e, trêmula, pegando-lhe as mãos, balbuciou:

– Deus ilumine seus passos.

Acompanhei Matilde até o Hospital e pela primeira vez visitei Vito. Lembrando-me das lições-exemplos de Jesus, sobre o Amor Integral, coloquei as mãos sobre Vito e implorei ao Mestre que dispensasse bênçãos de paz e reconforto àquele Espírito que agira tão equivocadamente.

Fui informado, então, com mensagem espiritual que minha mente registrou, sobre o drama que levara Vito àquele gesto extremo. Havia ele tomado conhecimento de algo por demais cruel, atingindo sua vida de modo irrecorrível.

HERANÇAS CONTÍNUAS

Julgando necessário, busquei o Plano Espiritual.

Em contato com alguns Instrutores procurei inteirar-me de algum fato ligado a Karen e aos Oreppi, possibilitando-me, assim, melhor cumprir minha tarefa.

Sim, porque desde que Florêncio me exemplificara quanto à prece, que deve ser o mais abrangente possível, passei a considerar auxílio aos Oreppi como minha parcial responsabilidade. Esse pensamento ressoava em meu íntimo, levando-me a instigantes considerações:

– Não estava Karen intimamente ligada a eles? Na verdade, não era isso o que se pode chamar de um contexto espiritual, de um conjunto de almas interligadas? Sendo assim, seria cristã a minha atitude de ajudar apenas a uma delas, Karen, no caso?

Decidi que daria a Karen minha maior dedicação, mas nada impedia que auxiliasse, também, aqueles aos quais seu destino estava ligado.

Fui recebido pelo próprio Florêncio, de forma carinhosa, informando-me, ao ouvir meus propósitos, que também se achava ligado aos Oreppi.

Convidou-me para um passeio num bosque próximo e assim que lá chegamos sentamo-nos sob uma frondosa árvore.

– Os Oreppi – disse Florêncio – todos estão enredados em difíceis compromissos e só com muita decisão no Bem poderão resgatá-los. Há muitas e muitas vidas, somadas, têm se agrupado e agido de maneira infeliz, uns apoiando-se nos outros. Entre si são muito leais. O problema é que suas ações produziram várias tragédias e, conseqüentemente, muita dor. E muitos inimigos... No passado, formaram um clã ambicioso e egoísta que acumulou grande poder e fortuna transferidos a várias gerações. O incrível é que os desencarnados continuam a influenciar os herdeiros terrenos, os quais, submissos, obedecem-nos. No refluxo das etapas reencarnatórias, quando os atuais detentores desencarnavam, e aqueles outros vinham para o plano físico, a mesma simbiose e comando espiritual dos libertos da carne permanecia e se reforçava. Tudo isso em detrimento do planejamento dos Instrutores da Vida Maior, que tal permitiam em respeito ao livre-arbítrio e ante promessas de reparação. Promessas que não foram cumpridas e agora, para o próprio bem de todos eles, esgotou-se o limite das concessões. A atual é a última oportunidade de que dispõem, para iniciar uma longa caminhada de reconstrução de tudo aquilo que, juntos, destruíram. O Plano Espiritual, ao prover as condições atuais de reajustes para eles, não teve a menor dificuldade em situá-los onde atualmente estão, pois, na origem, a Usina Santa Quiropita e as demais empresas dos Oreppi nada mais são do que herança contínua.

Não podendo conter minha curiosidade, interrompi:

– Florêncio, nunca ouvi falar em herança contínua.

– Trata-se de um elevado acervo de bens materiais que é emprestado pela Providência Divina a um grupo de pessoas, para que exercitem a fraternidade. Isso, porque esse mesmo grupo, nem sempre reunido, já terá feito mau emprego de outras posses. Compreendendo os arrastamentos a que o poder precipita seus detentores, novas e redobradas oportunidades lhes são concedidas pelos Espíritos Bondosos. Como entre eles há um denominador comum, de resgates e aprendizados necessários, são agrupados, vindo a formar ricas e poderosas famílias terrenas. A fortuna, talvez, represente a maior de todas as provações terrenas. E a que mais reprova. Juntos, antes de aportarem nas terras brasileiras, haviam estagiado na Ásia, como conquistadores mongóis; depois, na Europa, junto aos povos de origem germânica; finalmente, na Itália, onde a atual geração encerra o ciclo de sua permanência agrupada.

Ao dizer essas palavras, pressenti que Florêncio tinha algo muito importante preocupando-o.

Continuou, após, confirmando minha impressão:

– Estive com eles num certo espaço dessa longa trajetória, fui um deles, chamava-me Sangiorgio. Até a metade daquela jornada, agi de modo infeliz. Mas, por graça de Jesus Cristo, na outra metade estanquei tal procedimento, isso a partir do momento que algo transcendental agitou todo o grupo familiar: Ângelo Oreppi, meu irmão, desencarnou jovem ainda, em condições trágicas. Sendo o caçula, abalou todos os corações da família, causando-nos imensa tristeza. Na época, a família detinha o monopólio do transporte marítimo do seu país. Um belo dia, num país distante, o nosso Brasil, um homem entrou no nosso navio que estava atracado e procurou o comandante. Como insistisse em transmitir um recado para "o dono do navio", foi conduzido ao capitão, Carlo, o qual, decidido a apurar do que se tratava, o recebeu com desconfiança.

Nesse ponto, Florêncio encarou-me demoradamente.

– O homem tinha aparência humilde – prosseguiu – mas respeitosa. "Alguma coisa em seu olhar impunha respeito, quase medo", como relataria mais tarde o capitão. O recado, anotado toscamente numa folha de papel, era o seguinte:

"Papai, mamãe, irmãos e vovó: não chorem mais por mim, pois estou bem; estou com vovô Arturo, desde que parti da companhia física de vocês; amparem os pobres, que estão por todo lado; eles e nós somos todos filhos de Deus; assim, sendo nossos irmãos, merecem ser ajudados, principalmente os que estejam mais próximos... Beijos, abraços e saudades, do Ângelo."

O comandante anotou todo o recado numa folha solta e guardou-a dentro do seu diário de bordo. A princípio descrente e aborrecido, ficou estático com o recado, pois nunca tinha visto aquele homem. Foi inquisitivo:

– De onde você conhece a família... do Ângelo?

– Senhor, não os conheço – respondeu o homem, humilde mas firme.

– Então, como é que você sabe esses dois nomes?

– Eu não sei, quem disse foi o Ângelo.

– E de onde você o conhece? – Carlo quase explodiu.

– Mas eu também não o conheço. Ele está no mundo dos espíritos e visitou-me em casa, há mais de dez dias, quando passou o recado.

– Visitou?!

– Sim. Eu e um grupo de amigos nos reunimos uma vez por semana para estudar o Evangelho de Jesus e às vezes, por meu intermédio, alguma alma conversa conosco.

– Mas isso é bruxaria – berrou Carlo, não se contendo.

– Não, senhor. Não, senhor, de forma alguma. Eu e meus amigos somos cristãos. Trabalho numa ferrovia que está sendo construída por um médico e como vivia tendo crises de loucura, durante as quais conversava com as almas, ele me tratou... e me curou.

Carlo pensou: "médico construindo ferrovia"? Julgando ter agora entendido tudo, disse apenas:

– Ah!, então você esteve internado...

– Não senhor, pelo contrário, comecei a freqüentar a casa do doutor, onde se reuniam alguns amigos dele, para estudar uma nova religião.

– Uma nova religião? Qual?

– O Espiritismo, senhor.

O capitão, considerando estar na presença de um desequilibrado mental, e por nunca ter ouvido nada sobre essa nova religião, decidiu que seria prudente encerrar por ali aquele insólito diálogo. Julgando também que de tudo aquilo transpirava alguma tramóia, provavelmente com interesses escusos, resolveu apurar melhor o fato, para ter base na denúncia policial que faria.

Em tom ameaçador perguntou:

– Como procurou meu navio? Quem lhe disse que o dono deste

navio tem parentes com esses nomes?

– Já disse ao senhor que não conheço ninguém, a não ser o Espírito do Ângelo e foi ele que me informou que este navio estaria aqui nestes dias.

– E como você sabe que é mesmo o Espírito do Ângelo que deu o recado?

– Sei porque ele disse que, se o senhor duvidasse, eu deveria contar uma coisa que só os dois conhecem...

Carlo, agora, teve certeza de que estava na frente de um embusteiro, certamente chantageador. Disfarçando sua revolta, encorajou o homem a prosseguir:

– Sim?

– Disse-me que, durante as viagens pelo mar, também gosta de ficar na proa, como o senhor, nas noites estreladas.

Que o capitão ficava na proa, nas travessias marítimas, todos os marujos sabiam. Imaginou que algum deles tinha contado esse pormenor para aquele chantagista. Não havia a menor dúvida de que alguém da tripulação tinha lhe passado todas aquelas informações, visando chantagem e lucros, que seriam repartidos. Tudo estava muito claro agora para Carlo. Era só proceder a uma sindicância junto à tripulação e logo poderia entregar à Polícia o denunciante e aquele vigarista à sua frente.

Contendo-se, fez a última pergunta:

– O que você espera lucrar com tudo isso?

– Nada, meu senhor. Só vim trazer o recado, pois tenho medo de não atender às almas.

Percebendo que o capitão estava nervoso, pediu, humilde:

– Posso concluir o recado para o senhor?

– Ainda não disse tudo?!

– Não senhor. O Ângelo disse que, assim como o senhor, ele também gosta muito das estrelas gêmeas chamadas...

Nesse ponto o homem abriu um papel, onde anotara o bilhete, pois não sabia de cor o nome das estrelas, e foi com alguma dificuldade que soletrou:

– ... Castor e Pólux.

As pernas de Carlo bambearam. Ninguém, mas ninguém mesmo, sabia daquela sua infinita admiração pelas estrelas paralelas da Constelação de Gêmeos. Vivia sonhando ao contemplá-las, principalmente quando em mar alto, pensando que se tivesse filhos daria a eles esses nomes tão lindos...

Nas incontáveis travessias marítimas que já havia realizado, extasiava-se durante horas contemplando a imensidão celestial, onde as estrelas pareciam deslizar pelos caminhos do céu, em rotas semelhantes a arcos.

As estrelas citadas, em particular, eram suas preferidas para a infalível certidão das rotas.

Prático, instantaneamente percebeu que estava diante não de um marginal, mas de alguém possuidor de incrível dom. Em seu cérebro, desmoronou tudo que sabia sobre religião, sobre os mortos...

Quando o navio retornou à Europa e a família de Ângelo recebeu o bilhete, todos zombaram da ingenuidade do capitão. O pormenor das estrelas gêmeas, por ser pessoal, foi ocultado pelo capitão.

Florêncio fez demorada pausa. Após, continuou:

– Zombaram todos, menos eu. Meus familiares afirmaram, convictos, que por certo algum marujo havia passado os nomes e os fatos para aquele impostor de santo. Isso porque, conversar com as almas, só os santos podiam. Quanto a essa nova religião, que perguntássemos ao padre o que ele achava dela, e que estivéssemos preparados para as pesadas penitências que seriam impostas.

O capitão foi severamente advertido a nunca mais dar ouvido a tais baboseiras, devendo manter mais disciplina sobre sua tripulação.

Para servir de exemplo, aliás, toda a tripulação daquele navio foi sumariamente despedida, ainda por cima com ameaça de ser denunciada às autoridades, quanto a ter prestado declarações sigilosas "de interesse do país cuja bandeira tremulava no mastro da embarcação".

Florêncio interrompeu sua exposição e novamente encarou-me.

– O capitão – logo prosseguiu – que era um homem de brio, vendo sua tripulação ser injustamente despedida, demitiu-se solidariamente. Isso representava que todos aqueles homens e suas famílias iriam enfrentar dificuldades, pois sua profissão só encontrava abrigo pelos Oreppi. Eu sempre amara Ângelo, nos poucos anos de nossa convivência. Sua morte foi praticamente minha morte: fui ao desespero. Meu abandono de tudo estava preocupando meus parentes. Alguma coisa, dentro de mim, gritava contra Deus, que o havia levado "antes da hora" e ainda por cima de forma tão cruel. Decidi, então, afastar-me das coisas mundanas, enfastiado que estava de todas elas, poder, riqueza e sobretudo hipocrisia. Não agüentava mais tanta gente em volta de nossa fortuna, adulando-nos. E, ainda, há já algum tempo vinha ponderando sobre o nosso procedimento cruel com os empregados, que eram muitos. Nenhum era respeitado e por qualquer falha, por menor que fosse, era sumariamente alijado do emprego. Você nem imagina quantos sofreram e o quanto sofreram. Alguns, inclusive, suicidaram-se...

Vislumbrei lágrimas escorrendo dos olhos tão límpidos de Florêncio.

Emocionei-me também.

– Vivia essa tempestade moral – prosseguiu ele – quando chegou o recado de Ângelo, "vindo do outro mundo", onde ele estava! Então não tinha morrido! Continuava vivo! Aí, sim, quase enlouqueci, de vez, pois aquele mistério era muito grande para minha cabeça. Recrudesceu minha crise física e espiritual. Prostrei-me por alguns dias, indiferente a tudo e à própria vida. Temendo ficar louco, decidi julgar o incidente do bilhete uma baboseira. Logo, tudo aquilo foi esquecido pelos meus parentes. Fazendo coro com eles, acabei por acreditar que tínhamos sido vítimas de uma grande mistificação, de um esbulho, urdição de pessoas irresponsáveis e interesseiras em algo lucrar. Pois, sendo ricos, vivíamos sob a constante mira de fatos similares.

Como que penitenciando-se dessa atitude, Florêncio franziu a testa por alguns instantes, mas logo a serenidade assomou às suas feições, e disse:

– Mas a Bondade de Deus é infinita! Certa manhã, despertei com a nítida sensação de que o bilhete era autêntico e que minha atitude era infeliz; que meus pensamentos quanto à morte de Ângelo eram errados e, principalmente, urgia esclarecer o bilhete sobrenatural. O fantástico mistério da morte tinha entreaberto uma ponta do seu véu. As portas do meu coração também se abriram: aquela realidade trazia em seu bojo um sublime auxílio espiritual para todos nós. Percebi, de pronto, que aquele incidente representava um despertamento para as coisas do Espírito, até então sumariamente relegadas pelos magnatas que éramos.

Florêncio olhou-me de forma expressiva, certificando-se da minha atenção. Tive a impressão de que alguma coisa muito importante, relativa a mim, pairava em suas palavras. Seria essa a preocupação que notara há pouco nele? Após pequena pausa, seguiu adiante em suas reminiscências:

– Refleti por vários dias sobre aquele chamamento, deduzindo que a morte não encerra a vida. A sugestão para que os pobres perto de nós fossem protegidos indicava que assim procedendo estaríamos agradando a Deus. Preocupei-me quando imaginei que todos os que tinham suicidado, por desespero, ao serem despedidos do emprego, certamente viviam no mundo das almas, continuando desesperados, só que agora com ódio e desejos de vingança, pois, se, volta e meia, algum empregado despedido praticava atentado contra nós, o que impediria que os suicidas também o fizessem, já que "todo mundo que morria" continuava vivo?

Pequeno desconforto visitou-me, pois minha memória começava a tatear algo naquela narrativa...

– Amadurecendo minhas reflexões – Florêncio continuou –, procurei meus familiares e busquei despertar-lhes o interesse pelo bilhete de Ângelo, detalhando meus pensamentos a respeito. Com tristeza, fui tido à conta de sentimental, "enfraquecido pela saudade exagerada do morto". Acabrunhado, e sentindo que Deus colocara uma luz à minha frente, decidi ir ao Brasil e procurar o tal homem que tinha o incrível poder de "conversa" com Ângelo. Fui cauteloso. Não revelei a ninguém minhas intenções. Inteirando-me de que um navio partiria nos próximos dias para a América do Sul, procurei meus pais e pedi permissão para fazer parte de "alguma viagem". Considerando que isso talvez fizesse bem à minha saúde, inclusive com o ar marinho curando minha imensa apatia, fui autorizado a viajar. Fui designado administrador geral da viagem, ficando a meu cargo as decisões comerciais e financeiras relativas aos produtos a serem exportados e importados. Decidi levar Carlo, que conhecia o homem que "conversara" com Ângelo, pois meu objetivo principal era entrevistá-lo. Procurei o ex-capitão e o convenci a acompanhar-me naquela longa excursão, como assistente remunerado. Fiquei feliz por ele ter aceito.

Florêncio interrompeu sua narrativa e num gesto fraternal tomou minhas mãos, transmitindo-me amizade. Senti o quanto aquele espírito irradiava bondade. Então, minha memória se aclarou, ante cristalina recordação: aquele capitão... era eu! Um turbilhão de lembranças assaltaram-me o cérebro, quase congestionando-o.

Num impulso irrefreável, abracei Florêncio demoradamente. Ele fechou os olhos e pude ler seu pensamento, incentivando-me ao prosseguimento das recordações. E elas vieram, com bastante clareza:

– Naquela viagem que então fiz com Sangiorgio-Florêncio, estava disposto, eu próprio, a esclarecer o mistério dos mortos que falavam com os vivos. Depois de alguns dias de viagem, numa noite de esplendoroso luar, eu e Sangiorgio vimos o capitão, Marcello, no tombadilho, pensativo, olhando para o céu e nos aproximamos dele. As estrelas, tantas, percorrendo a imensidão celestial, numa aparente rota em arco, como que emergiam do mar, indo lá para as alturas e depois mergulhavam rumo à outra ponta do arco. Conversamos com Marcello sobre os costumes e as religiões do povo no país que íamos conhecer.

Sangiorgio, sem rodeios, fez-lhe uma pergunta direta:

– O senhor acredita que os mortos podem voltar e conversar com os vivos?

Admirado, Marcello não respondeu logo. Olhou-nos fixamente, tirando o cachimbo da boca e despejando seu conteúdo no mar. Como resposta, fez outra pergunta:

– Por que o senhor me pergunta isso?

– Para dizer a verdade é porque estou indo em busca dessa resposta.

Contei o acontecido, sobre o bilhete de Ângelo. O simples fato de estar fazendo aquela viagem era comprovante de que eu e o dono do navio acreditávamos na veracidade daquele estranho acontecimento.

Fazendo um longo silêncio, Marcello respondeu por fim:

– Lamento, Carlo, que você tenha perdido seu emprego por isso.

E dirigindo-se ao senhor Sangiorgio:

– Penso que também eu deva ser despedido, porque igualmente acredito na comunicação das almas com os vivos, ou melhor, com os encarnados. Aliás, não só acredito, como temos a bordo dois ou três tripulantes que também acreditam nisso e têm essa misteriosa faculdade de emprestar seu corpo para que os mortos falem, por intermédio deles.

Radiante e agitado, Sangiorgio pediu a Marcello:

– Será que nós poderíamos tentar, aqui no navio, "conversar" com meu irmão? Pois não creio que seja coincidência o que o senhor acaba de nos contar. Penso mesmo que o destino programou esta viagem...

– Mas, senhor, o que diria sua família?

– Nada. Faremos tudo sob o maior sigilo. Participaremos só o senhor, os auxiliares que possuem o dom, Carlo e eu.

– E por que não? – respondeu Marcello, resoluto – Se Deus permitir, será até, talvez, feliz oportunidade para que nós sejamos testemunhas dessa grande alvorada para toda a humanidade.

– Como assim? – perguntei.

– Há uns trinta anos, mais ou menos, uma nova religião surgiu na França. Exatamente essa que o homem lá no Brasil disse a Carlo denominar-se Espiritismo. Por essa religião, muitas coisas inexplicáveis estão sendo esclarecidas.

– Que coisas? – perguntou Sangiorgio.

– Mesas que falam e voam, mortos que voltam e aparecem para amigos por algum tempo. Um conhecido meu, de Paris, deu-me de presente vários números de uma revista mensal, sobre essa nova religião.

Pensando um pouco, como se estivesse buscando alguma coisa na memória, completou:

– Tenho alguns exemplares comigo. Vou buscá-los.

Em instantes foi até seus aposentos e voltou com duas revistas que demonstravam ser bem antigas. Entregou uma revista para cada um de nós. Na de Sangiorgio lia-se: *REVUE SPIRITE - Journal - D'ETUDES PSYCHOLOGIQUES - Publié sous la direction de* ***Allan Kardec*** *- ANÉE 1 - MAI. 1858 - nº 5.* A outra revista, comigo, tinha o mesmo cabeçalho, só que a data era junho de1858 e era de nº 6.

Antes que Sangiorgio dissesse qualquer coisa, Marcello falou:

– Sugiro que vocês leiam e reflitam sobre os ensinamentos que estão contidos nessas revistas. Verão, no artigo "Teoria das Manifestações Físicas", como se processam as conversas dos mortos com os vivos, e, também, como é falsa a aparência de vida e inteligência dos objetos, já que, na verdade, ali está um espírito, utilizando energias emprestadas pelos chamados "médiuns", para dar o seu recado. O movimento dos objetos só ocorre sob o comando de uma inteligência humana, no caso invisível e já sem corpo físico, mas nem por isso menos viva do que nós... Também são narrados vários casos de conversas entre mortos e seus familiares ainda vivos. Assim, desaparece a morte, sendo substituída por uma espécie de continuação de vida, não muito diferente da material - a vida espiritual. Depois que vocês tiverem lido e se o senhor Sangiorgio ainda quiser e autorizar, poderemos tentar a realização, aqui mesmo no navio, de uma reunião para invocarmos a presença do seu irmão que morreu. Penso que amanhã, à noite, depois que todos estiverem dormindo, será um bom horário para nossa tentativa.

Sangiorgio dominava o idioma francês, o suficiente para traduzir os textos das duas revistas, após o que ficamos trocando impressões, até a aurora surpreender-nos, ainda acordados.

Tudo colaborou, na noite seguinte, para que fosse realizada a insólita reunião espírita em alto-mar. Talvez, a primeira no planeta Terra.O local escolhido foi o aposento do senhor Oreppi e a hora, vinte e duas.

O mar, sereno e deixando o luar flutuar sobre ele, foi o magnífico cenário que recepcionou uma alma "do outro mundo", Ângelo Oreppi.

No local e horário predeterminados, reunimo-nos, Sangiorgio, Marcello, três auxiliares seus e eu. Marcello incumbiu-se de abrir a reunião, com uma prece. Eu e Sangiorgio estávamos bastante desconfiados e constrangidos, mas a prece acalmou-nos. A expectativa era enorme, quase incontida.

– Senhor Jesus – começou Marcello a reunião –, o Senhor disse que onde duas ou três criaturas se reunissem em Seu nome o Senhor aí estaria entre elas*. Estamos reunidos, Mestre, em Seu sagrado nome e imploramos Suas bênçãos para nossa viagem e para o que estamos agora fazendo; pedimos ainda que, se Deus permitir, venha até nós o Espírito do senhor Ângelo Oreppi, que desencarnou há quase seis meses.

Ficamos todos aguardando, ansiosos. Decorridos alguns minutos, nos quais os únicos sons eram o do motor do navio e o da quilha rasgando suavemente as ondas, um dos marujos sinalizou estar sentindo algo. Tive a ligeira impressão de que lhe faltava o ar.

* Mateus, 18: 20 - Nota da Editora.

– Graças a Nossa Senhora Maria – disse o marujo – estou aqui, muito feliz, para conversarmos alguns poucos instantes. Ainda não estou completamente refeito da grande viagem que a morte do corpo físico me impôs, mas meu coração está alegre em poder reunir-me com vocês.

Intuitivamente, Sangiorgio e eu, sabíamos quem estava ali, invisível, como se estivesse "dentro" do marujo que falava: Ângelo!

Não podendo se conter, Sangiorgio ergueu-se e exclamou:

– Ângelo...

– Sim, Gigi, sou eu, muito saudoso também de todos vocês.

"Gigi" era o apelido de Sangiorgio, tratado assim apenas na intimidade familiar. O marujo que falava dificilmente poderia sabê-lo.

– A graça de Deus permitiu essa reunião – prosseguiu o médium – e temos que aproveitar o tempo, que será pouco. Há, aqui, muita coisa para ser dita, e, mais lá em casa, para ser feita. Papai e Mamãe não se aperceberam ainda, quanto à necessidade, já agora inadiável, de mudar o comportamento relativo à fortuna. Ninguém é dono de nada neste mundo, principalmente do dinheiro, que é um empréstimo feito por Deus, colocado nas mãos daqueles que necessitam reconstruir o passado. Quando me refiro ao passado, é como se fizesse um mergulho em outras vidas, onde estávamos juntos e não procedíamos bem. Havia, então, muitas pessoas sob nossa dependência, tal como agora, e nós as desprezávamos. Amiúde, infligíamos-lhes martírios. Por isso, muitos são os Espíritos que até hoje não se esqueceram da infelicidade que lhes causamos e querem vingança. Você está certo, Gigi, quanto à existência de vingadores espirituais, querendo devolver aos Oreppi aquilo que lhes foi negado, especialmente a paz. Continue orando por eles.

Se Sangiorgio, tivesse dúvidas quanto à autenticidade daquela mensagem, ali as dissolveu. Com efeito, vinha orando por tantos quantos estivessem desencarnados e magoados com qualquer um dos membros da sua família. Ninguém sabia dessas suas preces.

– Gigi – continuou Ângelo, através do médium –, voltar a nos reunir e novamente com a provação da fortuna é bênção divina, incomensurável, que infelizmente está sendo desprezada pela nossa família. Você está indo para uma terra longínqua e no devido tempo compreenderá que esta é outra bênção. Procure ajudar Flávia, pois seus pensamentos, fixados no jogo, estão conduzindo-a à beira de um abismo espiritual.

Nova prova incontestável de quem falava, só a família tinha conhecimento, e ocultava-a, da perniciosa tendência de Flávia para o jogo.

– Preciso ir – prosseguiu a mensagem espiritual. – Que as bênçãos de Deus permaneçam em todos nós, nos demais tripulantes deste bendito navio e junto aos nossos familiares.

Com um leve tremor, o médium abriu os olhos e tranqüilamente disse:

– Graças a Deus!

Marcello julgou oportuno encerrar a sessão.

Voltou a orar, agradecendo ao Pai as graças ali recebidas, implorando que fossem repartidas com toda a humanidade. Só quem já passou por experiência igual poderá compreender por que Sangiorgio e eu não contínhamos as lágrimas de felicidade que tantas eram, capazes quase de "aumentar um pouquinho o nível do mar", não houvesse o piso do navio separando-nos dele.

OUTRA TERRA, MESMA GENTE

Eram por demais oportunas todas aquelas recordações, descortinando fatos marcantes da minha última vida material, na qual fui casado com Karen, então, Flávia. Entendi que a companhia de Florêncio, naqueles momentos em que revia meu passado recente, era verdadeira bênção, pois sua fraternidade e sua energia moral formaram suporte para que eu não fraquejasse.

Florêncio, que também esteve encarnado naqueles tempos, junto a Karen e a mim, retificou por várias vezes o entendimento que eu atribuía a algum fato daquela época. Assim, minha vida terrena anterior foi integralmente delineada, quanto aos aspectos morais e espirituais, facilitando sobremaneira minha atual tarefa junto a Karen, para a nossa indispensável correção de rota comportamental.

Flávia Oreppi, solteira, estava insatisfeita com tudo, enfastiada da vida, que nenhum atrativo lhe ofertava, a não ser o jogo, em indormidas e repetidas noites. Perdedora inveterada, mais e mais jogava.

Guerino, quando soube que a filha havia se enredado com tão grandes dívidas, por pouco teve uma síncope cardíaca, não tanto pelo montante devedor, mas pela maneira como ele se formou. Pagou as dívidas da filha e proibiu-a de continuar jogando, fato que publicamente circulou por todos os cassinos. Flávia, sem outros afazeres, já que era apática quanto aos prósperos negócios da família, passou a viver num inferno íntimo.

Quando Sangiorgio retornou do Brasil propôs ao pais mudarem-se todos para lá, onde mudariam de ramo empresarial: de frete marítimo para produção de álcool e açúcar. Os pais, já idosos, concordaram. A mudança lhes proporcionaria um merecido e confortável repouso, diante de imensa fortuna. O filho assumiria o comando total dos negócios, pois "isso já estava na hora", a filha, mal vista por todos, iniciaria vida nova em terras distantes, voltando a ser respeitada e, mais importante de tudo, ficariam livres de incontáveis ameaças que vinham sofrendo de ex-empregados, bem como não mais teriam que lidar com "aquela gentinha".

E assim foi feito. Essa, a origem da Usina Santa Quiropita e de todo o enorme acervo de bens dos atuais Oreppi.

Outra terra, outros tempos, mesma fortuna, mesma gente.

Envergonhado, relembrei sobre Flávia:

Vindo para o Brasil, casou-se comigo e nosso lar foi contemplado com cinco filhos.

Ocupadíssimo com a gerência de várias atividades que me confiara Sangiorgio, descuidei da família. Mais viajava do que ficava em casa. Flávia, indiferente aos negócios da família, sentindo-se desamparada, retornou ao jogo. E pior, buscando arrecadar dinheiro necessário para repor o que perdia nas roletas, tornou-se adúltera. Uniu-se a um aventureiro que por algum tempo a explorou, juntamente com uma "sócia". Não demorou e Karen, esperta, foi quem os explorou, arruinando-os. Vida promíscua, má alimentação, pouco repouso, tudo acrescido de ausência de energias morais, foram vertentes para doença infecciosa que a acometeu. Desencarnou, doente, menos de dez anos após nosso infeliz casamento.

Compreendi a origem da sua obsessão em usufruir da fortuna dos Oreppi. É que essa mesma fortuna, no passado, tinha sido parcialmente sua. Muito dinheiro dos Oreppi havia transitado em suas mãos, esvaindo-se como fumaça, resultante do fogo alimentado pela jogatina, que em seu peito queimou todas as ilusões. Agora, nas profundezas da consciência, uma voz gritava, sem ser ouvida pelos órgãos físicos, que tinha direito a parte daquela fortuna.

Era hora de retornar ao plano terreno, para reassumir minhas funções de protetor daquela moça que, agora, meu coração via como sendo mais bonita ainda. Estava melhor capacitado para a missão, por ter conhecido, na íntegra, o envolvimento de Karen com os Oreppi... e comigo.

Não por acaso era eu o incumbido de proteger Karen.

Florêncio ainda comentou comigo a tríplice ajuda que os Mensageiros Siderais tinham colocado à disposição dela, nessa jornada terrena, eu, como seu acompanhante permanente; ele próprio, indiretamente, como guardião dos Oreppi, aos quais se ligava há muito; finalmente, Gino, como Espírito de apreciável postura moral, previsto para com ela palmilhar as estradas terrenas.

Feitas todas essas considerações, senti-me reforçado ao cumprimento da minha tarefa. O sucesso espiritual de Karen, na atual jornada, Florêncio bem o dissera, seria meu galardão, meu verdadeiro diploma de "anjo da guarda".

Voltei para perto dela. A situação, naquele momento, apresentava-se bastante controvertida, junto ao espírito de Karen; suas companhias invisíveis não a deixavam um instante, em caráter permanente, sopravam-lhe no Espírito que ela tinha direito ao dinheiro dos Oreppi, que era uma herdeira deserdada. Espantei-me quando um dos Espíritos reuniu-se com os companheiros, afastando-se momentaneamente de Karen, para uma confabulação.

Logo decidiram. Acercaram-se da hospedeira encarnada e envolvendo-a com incessantes vibrações, o mais deletérias possível, insuflaram-lhe na mente a lembrança de Rita, a secretária de Vittorio Grazziano Oreppi. Karen registrou a ordem nos escaninhos mentais, traduzindo-a como "uma interessante idéia" que lhe tinha ocorrido. Decidiu procurar Rita.

Cautelosa dessa vez, telefonou para a secretária, solicitando um encontro, urgente, pois havia grandes novidades sobre Vito. Definiu local e hora, naquele mesmo dia. Venceu inicial resistência de Rita com uma das suas já tradicionais artimanhas, disse à secretária que estava disposta "a ajudá-la a permanecer no cargo".

Confusa, temerosa de perder o emprego, Rita aquiesceu. Logo ao se encontrarem, Rita perguntou:

– Karen, o que é tão urgente sobre o senhor Oreppi?

– Olhe aqui, Rita, vamos conversar francamente, sem ocultar nada uma da outra. Preciso da sua ajuda e estou pronta a ajudá-la também.

– Que ajuda posso dar-lhe?

– Logo eu digo. Agora, o importante é você ficar sabendo que estou acompanhando o tratamento do Vito, no Hospital.

– Você?!

– Sim, por que não? Nossa intimidade afasta qualquer impedimento, principalmente nessas horas.

– Você... é íntima do senhor Oreppi?

– Rita, Rita, é errado?

– Não, apenas pensei que...

Aqui, atrapalhando-se, a secretária caiu no laço mental armado por Karen e por seus comparsas invisíveis. Sabiam eles o que estava por vir, pois para isso tinham induzido aquele encontro.

Mas, Karen, nem sequer desconfiava. Contudo, experiente nas tramas do jogo, onde pequenos sinais, gestos e tom de palavras são denunciadores de segredos, ou de tentativa de blefe, intuiu que algo importante tinha passado na mente de sua interlocutora.

– Sim, Rita, continue.

Embaraçada, sem concatenar direito seus pensamentos, a jovem não teve saída a não ser dizer a verdade, mesmo porque dois Espíritos comprimiam sua cabeça com brutalidade. Em grande desconforto, irrompido em menos de dois minutos desde que vira Karen, a secretária desabafou:

– Sabe, Karen, o senhor Oreppi sempre me tratou mal, como se eu fosse "uma coisa". Neste momento, só de falar no nome dele sinto um aperto na cabeça.

Mal Rita acabou de pronunciar essas palavras, os dois Espíritos despejaram safanões nela.

Tentei protegê-la, mas fui brutalmente repelido. Pensei em como seria bom se Letes estivesse ali.

Mantive-me em preces. Como nenhum socorro se apresentou, vindo da Espiritualidade Protetora, deduzi que "os limites do livre-arbítrio" de Karen e de Rita não estavam ameaçados. Aliás, ponderei logo, Rita tinha aceitado aquele encontro e sua falta de confiança era a responsável pelo que acontecia.

Rita tonteou. Levou as mãos à cabeça e começou a chorar. Entre soluços, conseguiu se expressar:

– Nunca fui considerada pelo senhor Vito. Desde que sou sua secretária, não houve um dia sem ao menos uma humilhação. Lembra-se de como ele a expulsou? Pois é, sendo íntimos e tratando você daquele jeito, imagine o que ele faz com os outros, e pior comigo, que sou obrigada a ficar mais tempo perto dele.

Karen abraçou Rita, protetoramente. As entidades inferiores também acarinharam Rita. Karen, interesseira, fingiu revolta contra aquela maldade e anunciou, solene:

– Nunca mais você será maltratada. Juro! Vou providenciar sua permanência na Usina, no departamento que você quiser.

Emocionalmente desguarnecida, Rita retribuiu o abraço, beijou o rosto daquela que julgava sua protetora e, em sinal de gratidão, ofertou:

– Posso ajudar você em alguma coisa?

Karen, mais astuta do que nunca, valeu-se da fragilidade de Rita e, orientada pelos invisíveis cooperadores, disse em tom muito manso:

– Há muitos meses eu e Vito nos relacionamos. Ultimamente, porém, alguma coisa ruim vem atormentando-o. Como ele não quer me magoar, nem me assustar, não me conta o que é. Quanto mais eu insisto em saber, mais ele oculta e fica nervoso. Naquele dia que eu o procurei na Usina, estava decidida a esclarecer de vez qual o seu tormento, para poder ajudá-lo. Como eu ameacei deixá-lo, caso não me revelasse qual o problema, ele me mandou embora. A causa daquele "gelo" dele para comigo é que ele me havia proibido de alguma vez procurá-lo, lá na Usina, para ninguém saber da nossa relação. Estava angustiada, por isso desobedeci. E você viu como ele me tratou.

Apertando as mãos de Rita, Karen desfechou o golpe final:

– Talvez Vito morra. Pode ser hoje, amanhã, esta semana. Só Deus sabe. Por isso, Rita, não me esconda nada do que sabe sobre ele. Tenho certeza que, de alguma forma, você poderá me contar uma coisa que não posso provar, mas sei o que é.

Karen, blefando com a maior naturalidade, se comportava como se estivesse num jogo de pôquer.

– Conto com sua sinceridade integral – arrematou – nesse momento tão difícil. E, volto a jurar, o que você me contar ninguém jamais ficará sabendo.

Rita, inteiramente envolvida, sem a menor desconfiança dos problemas que suas palavras iriam produzir, murmurou, como se alguém, deste ou "do outro mundo", pudesse ouvi-la confidenciar:

– O senhor Oreppi, Vito, tem mais uma família, "outra" amante e dois filhos, sinto muito, Karen. Ela se chama Aurélia. São sustentados pelo senhor Oreppi.

Disfarçando exultação em indignação e tristeza, Karen incentivou:

– Eu já sabia, eu já sabia. Só me falta saber onde mora, para poder ajudá-la, também.

Nova armadilha.

– Tenho o endereço dela – Rita acrescentou –, pois há alguns meses o senhor Oreppi, quase ao fim do expediente, precisou viajar e determinou-me que mandasse um office-boy entregar um envelope para uma pessoa, ainda naquele dia. Entregou-me o envelope e viajou. Não havendo nenhum boy para ir até o endereço escrito no envelope, fui eu mesma. Não sabia a quem se destinava, pois não havia nenhum nome no envelope. Quando cheguei no endereço, ninguém atendeu e por isso pedi a um vizinho que fizesse o favor de entregar aquela encomenda ao morador da casa ao lado. Esse vizinho, juntamente com a esposa, convidou-me a entrar, pois começou a chover. Entrei e, enquanto esperava a chuva passar, começamos a conversar. Fiquei sabendo que ao lado morava Aurélia, com dois filhos, sendo sustentada pelo meu patrão. Sabiam de tudo isso porque eram os senhorios da casa. E aquele envelope deveria conter o dinheiro do aluguel, que vencia naquela data. Pedi-lhes que não contassem para Aurélia que eu tinha trazido o tal envelope e sim um boy.

Dizendo essas palavras, Rita abriu sua bolsa e tirou um pedaço de papel, com um endereço anotado, entregando-o a Karen. Julgando que estava retirando lancinante espinho que a vinha torturando, completou:

– Esse é o endereço de Aurélia.

Despediram-se. Karen foi para casa e ficou quase a noite toda acordada, arquitetando como utilizaria aquela importantíssima descoberta, com certeza intimamente ligada à tentativa de suicídio de Vito. O importante era aliar-se à dor da família, repartindo com ela o angustioso segredo. E a fortuna. Julgava-se mesmo uma herdeira deserdada...

Procurou Aurélia, no dia seguinte, porém ela não estava. Lembrando-se da informação de Rita, tocou a campainha na casa vizinha, do senhorio de Aurélia.

Foi atendida pelo casal. Identificou-se como assistente social, com ordens do senhor Oreppi, que estava hospitalizado, para ajudar "dona Aurélia e seus dois filhinhos".

O senhorio e esposa, um tanto surpresos, denotando também grande preocupação, convidaram Karen para entrar. Após os três instalarem-se na sala de visitas, procurou ser cordial:

– Precisamos ajudar Aurélia. O que sugerem? – sempre a mesma Karen, lançando iscas.

O homem olhou para a mulher, como que pedindo um conselho. A mulher, com um gesto, consentiu.

– Como a senhorita deve saber – disse o senhorio –, Aurélia está muito doente. Está hospitalizada há duas semanas e as crianças estão com uma tia dela.

– O que ela tem?

Grande embaraço e constrangimento demonstrou o casal. Karen captou instantaneamente que algo muito grave devia estar acontecendo. Insistiu, maneirosa:

– Podem dizer. Aliás, creio que "nossas" suspeitas têm fundamento.

Investiu pesado na tentativa de descobrir a doença de Aurélia.

– Estando Aurélia doente como está, hospitalizada como o senhor Oreppi, precisamos manter em dia o pagamento do seu aluguel.

O ponto certo para vencer qualquer resistência tinha sido tocado. Disse a mulher:

– Ninguém está afirmando nada, mas parece que é coisa ruim. Muito ruim. Sem cura. Também, do jeito tão rápido que ela emagreceu, e com aquelas manchas na boca.

– Seria... aquela doença? – vacilou de propósito Karen, bem ao seu estilo.

A pergunta era direta. Cruel. À suspeita da possível tragédia, em si, Karen adicionou um novo ingrediente, a cobiça. Rápido, passou-lhe na mente a incrível força que o segredo Vito-Aurélia poderia proporcionar para a consecução dos seus planos de extorquir dinheiro dos Oreppi.

Titubeantes, responderam marido e mulher:

– É o que estão falando...

– Quem está falando?

– Todo mundo. Os vizinhos, os fregueses do armazém, da quitanda, do açougue, da feira e, principalmente, da farmácia.

– Da farmácia?

– Pois então não é lá que ela vem gastando uma fortuna? O dono da farmácia tem vindo aqui cobrar e não é pequena a dívida. A tia de Aurélia quase todos os dias vem buscar novos remédios para levar para ela no Hospital.

Karen "metabolizou", num segundo, mais aquele incrível e insuspeito componente ao drama de Vito, e, por extensão, dos Oreppi.

"Quando alguém deserta da vida, é porque imagina que seus problemas não têm solução", pensou.

Deduziu que Vito tentara se matar por não suportar as implicações dos dramas e problemas que o envolviam. Talvez os Oreppi pagassem bem alto o preço do seu silêncio. "Nada de chantagem, pois que chantagistas têm a vida constantemente ameaçada ".

Prometendo manter em dia o aluguel, pediu o endereço da farmácia, alegando que igualmente iria providenciar o pagamento dos remédios para Aurélia. Indo à farmácia, usando subterfúgios, identificou-se como "emissária do senhor Oreppi", encarregada de saldar a dívida de Aurélia. Não teve dificuldade em descobrir quão grande era a tragédia que visitara Vito e Aurélia. O farmacêutico de nada suspeitando e ainda por cima interessado em receber o que lhe era devido, não pequena importância, esclareceu:

– Nem todos os remédios que são receitados para dona Aurélia são vendidos em balcão das farmácias, por isso tive o cuidado de consegui-los diretamente nos Laboratórios fabricantes.

– Quais remédios, por exemplo?

– Há remédios específicos para várias doenças que atingiram dona Aurélia, ao mesmo tempo. Para a maioria das receitas nós próprios temos os medicamentos aqui na farmácia. Porém, como o caso dela é grave, muito grave, só no próprio hospital é que é encontrado o principal remédio, o AZT.

– AZT?

– Sim, o remédio da AIDS. Além de ser caríssimo, é importado e fornecido pelo Governo, que o controla.

– Em que hospital está Aurélia?

– No Hospital Municipal.

Karen compreendeu e passou a ter certeza plena de que Vito buscara, na tentativa de suicídio, antecipar-se à conseqüência da mesma doença de Aurélia. Pois que, inexoravelmente, tanto ele quanto ela estavam condenados à morte. Ambos, com AIDS!

Fui convidado por Florêncio-Sangiorgio para visitar Vittorio Grazziano Oreppi, no hospital. Antes de adentrarmos, Florêncio pousou as mãos em meus ombros e disse, com indisfarçável tristeza:

– Todos os esforços feitos para demover Vito do suicídio foram empregados. Surdo aos meus apelos, naturalmente pela minha insignificância, preferiu ouvir inimigos do passado. Ah! se os encarnados ouvissem só um pouquinho mais a consciência, quantos problemas seriam evitados...

Florêncio e eu fomos recepcionados por Espíritos ali destacados para tarefas socorristas, em caráter plantonista.

Dirigimo-nos ao setor de infectologia, onde poucos doentes, segregados, de longe demonstravam a gravidade dos seus quadros patológicos. Não só organicamente, pois que, mais cruel de tudo, estavam cercados por entidades espirituais sofredoras, repastando as poucas energias que deles emanavam.

Havia Espíritos abnegados nas proximidades de cada enfermo - eram os seus "anjos da guarda". Em preces, estavam impedidos, pelos próprios protegidos, de se aproximar deles, pela fixação obsessiva destes, nos dramas e nas tragédias que para ali os tinham conduzido.

Alegraram-se os tarefeiros amigos com a nossa chegada. As entidades infelizes mal acreditaram no que viam, quando adentramos aquela sofrida enfermaria; assustaram-se, pois de Florêncio emanava luz fortíssima.

Confiantes, em preces a Deus, sem nenhum receio nos aproximamos do leito de Vito. Eu próprio me assustei ante tanta claridade. Em desatino, apavoradas, debandaram as equipes vampirescas.

Antes que sequer pudesse pensar que uma pequena participação naquela maravilha me era devida, Florêncio, humilde, sussurrou:

– Graças a Deus, graças a Jesus!

Pousou a mão na fronte de Vito, que, em estado de coma, mais parecia um morto. O enfermo nada registrou, no físico. Porém, espiritualmente, a reação foi inesquecível: no mesmo instante do toque de Florêncio, o Espírito de Vito retornou ao corpo físico.

Vito, em repetidos pesadelos, vagava espiritualmente por regiões umbralinas, desesperado pelo que se passava à sua volta, vivenciando o instante do tresloucado gesto da tentativa do suicídio.

Com o apoio de Florêncio e o retorno espiritual à sede física, o interior do corpo de Vito iluminou-se fracamente. Antes, qual estátua danificada, assemelhou-se agora a um desses objetos de vidro, reproduzindo cientificamente as partes internas do corpo humano. Tal visão foi impressionante. Aquele corpo arrebentado e invadido por enxames viróticos continha uma vida, com um turbilhão de vidas estuantes no seu contexto. O sangue percorria as infinitas vias. Grandes órgãos, com funcionamento precário, pela carência de tônus vital, ainda assim avalizavam a vida de todo o conjunto. Milhares de glândulas, à feição de operosas abelhas, despejavam sua produção em todos os sistemas. O metabolismo, conquanto deficiente, sustentava-se graças aos condutos nervosos que ainda obedeciam ao comando parcial do cérebro acidentado.

Não pude deixar de refletir que, se num corpo tão ferido como aquele a Vida se mostrava tão pujante, o que dizer de uma pessoa saudável?

"Quantas pessoas já pararam para pensar no que representa um corpo sadio?", pensei. "Quantos Engenheiros Siderais de altíssima competência, pois auxiliares diretos do Mestre Jesus, todos inspirados por Deus, terão participado da elaboração das formas originais do corpo humano, passando a ser responsáveis pela sua evolução, ao longo dos milhões de anos?"

Aproximei-me mais e instintivamente tomei os pulsos do enfermo. Estávamos em oração, suplicando a Jesus que dispensasse ao doente o conforto possível e que, se Deus permitisse, refazimento físico. Decorridos alguns minutos, Florêncio informou:

– Vito está em estado vital vegetativo.

Olhei-o interrogativamente e ele completou:

– Não voltará à consciência plena, até a desencarnação. Terá, como graça divina, apenas alguns rápidos intervalos de reunião de idéias e entendimento, para reflexão tendente ao arrependimento e para lances especiais.

Fez um demorado silêncio. Senti a gravidade do quadro e percebi imensa tristeza em Florêncio que, captando meu pensamento, aduziu:

– Sim, Vito não se recuperará. Além de o cérebro ter sido parcialmente danificado, o que por si só já é gravíssimo, está vitimado por doenças infecciosas oportunistas, simultâneas. A disseminação será acelerada porque não encontrará a natural e benigna oposição que a tentativa de suicídio desestruturou.

A PERGUNTA-CHAVE

Karen recolheu-se ao lar. Precisava refletir sobre tudo o que tinha descoberto, ciente de que tinha, em mãos, preciosa ferramenta para o êxito do seu plano que era ficar rica. Os segredos que detinha, referentes a Vito, certamente do conhecimento da família, teriam valioso prêmio pelo seu silêncio. Supondo, acertadamente, que Vito estava em estado desesperador, não poderia impedi-la, já que tudo o que tencionava fazer, todas as ações do plano, transitavam obrigatoriamente por ele.

Após pensar bastante, tomou uma decisão, iria forçar Matilde a informar qual o verdadeiro quadro da saúde de Vito, para que ela pudesse agir com segurança.

Em preces, decidi também fazer plantão junto a Karen, aguardando oportunidade para tentar demovê-la daqueles sinistros objetivos.

Karen não permitia minha aproximação, fixada no poder e nas mordomias que o dinheiro proporciona, ambicionava a qualquer custo usufruir delas. Sintonizada com Espíritos vingativos, que por seu intermédio pretendiam atingir os Oreppi, era-lhes presa fácil. As companhias que assessoravam Karen estavam mergulhadas nos seus próprios objetivos e pouco tempo tinham para se importar comigo. Com galhofas e sarcasmo, de tempos em tempos, dirigiam-se a mim, incapazes de um sentimento mais nobre. Convictos do seu domínio sobre Karen, aos poucos foram se acostumando com minha presença nas proximidades. Sabiam qual o seu e o meu poder, por isso pouca atenção passaram a me dispensar.

Karen estava repousando um pouco, com a mente num turbilhão, quando dois Espíritos adentraram seu quarto. Reuniram-se aos que com ela já se encontravam e deram uma "boa notícia":

– Estivemos no hospital. Tudo em ordem por lá.

Olharam para mim e sorriram, sarcasticamente. Ávido de informações, o Espírito que parecia ser o chefe, em tom nervoso e impositivo ordenou:

– Vai falando logo o resto.

– Pois é, o ladrão está mesmo mal, não sabemos como ainda não viajou.

E apontando para mim:

– Esse aí, com outro "rezador", deu uma força para ele, mas eles mesmos já sabem que não adianta. Está com a cabeça arrebentada, faltando um pedaço e ainda por cima cheio de doenças.

– Será que...

– Sim, está com a maldição do Apocalipse.

Referia-se à AIDS. Lembrei-me do Apocalipse de São João, quando o venerando Apóstolo do Cristo, desterrado pelo Império Romano na Ilha de Patmos, Grécia, foi levado à espiritualidade pelo próprio Jesus, para receber e transmitir mensagens e revelações de grande importância para o futuro da Humanidade.

Quando foi citado o Apocalipse, percebi que todos os Espíritos se arrepiaram, instintivamente se encolhendo. Por um instante, vi pavor em seus semblantes. Aqueles Espíritos conheciam o Apocalipse! Tal fato encheu-me de esperanças, pois sinalizava uma possível brecha na barreira formada por seus maus pensamentos. Estavam os Espíritos refletindo sobre a importante informação, para decidir os próximos passos, quando o outro recém-chegado, até então calado, aduziu:

– Enquanto meu colega estava com o ladrão, fui até a enfermeira que é amiga desta aqui e trabalhei a cabeça dela.

– Qual a reação dela? – perguntou o chefe, ainda pensativo.

Obteve como resposta, em linguagem infeliz:

– Não foi muito fácil. Está mais ou menos encapada.* Não consegui muito, mas sempre algum lucro vai sobrar. Arrependeu-se de ter se encontrado com a boboca aqui e não passa uma hora sem se derreter e sem rezar.

– Voltem para o hospital, os dois, agora mesmo. Obriguem essa chorona a colaborar. Vamos fazer as duas se encontrarem. É preciso que a herdeira fique sabendo essas coisas para poder nos ser mais útil.

Os Espíritos obedeceram, de pronto. Chamar Karen de "herdeira", repetidamente, era o máximo da astúcia e do atrevimento, pois aquelas entidades já então tinham como certo o êxito da sua trama.

Não consegui livrar-me de um profundo abatimento e grande tristeza em pensar como tudo seria diferente se Karen fosse um pouco mais vigilante.

Era joguete das trevas, comprazendo-se nisso! Tais sentimentos infelizes que me visitaram não se demoraram em meu coração, pois não poucas vezes havíamos, meus companheiros e eu, sido treinados para enfrentar crises. Quanto maiores, melhores oportunidades para aferir nosso aproveitamento e progresso moral.

* Protegida - Nota da Editora.

À minha frente Espíritos desencarnados, vingativos, planejavam ações maldosas, tendo voluntária parceria de um Espírito encarnado, Karen. E um outro Espírito desencarnado só estava olhando tudo, sem nada fazer, eu!

Essa a realidade que súbito me assaltou. Urgia fazer algo. Qualquer coisa. Menos ficar parado. Já que Florêncio e Letes não podiam socorrer-me, teria que fazer sozinho o que precisava ser feito. No curso de "anjos da guarda", sempre nos alertaram para que quando a crise irrompesse, qualquer crise, só o equilíbrio propiciaria à inteligência a melhor maneira de resolvê-la. Ensinavam os instrutores:

– Quando tudo estiver bem difícil, nada de apavoramento. Afobação é a melhor maneira de dispersar forças físicas e mentais. Pensem em Jesus. Façam, mentalmente, a pergunta-chave, o que faria o Mestre, se estivesse no lugar de vocês? A resposta deve ser o que devem fazer.

Fiz a fácil pergunta, esperando eu mesmo dar a dificílima resposta, o que Jesus faria, no meu lugar?

Sem saber a resposta exata, ocorreu-me procurar a mãe de Karen, esperançoso de que ela me ajudasse de alguma forma. Porém, envolvida com intensas preocupações financeiras, não registrou sequer um único dos inúmeros apelos que mentalmente lhe dirigi e concluí: "Respondi mal à pergunta-chave".

Nisso, o telefone tocou. Karen deu um pulo da cama, como que adivinhando que era para ela e era sobre Vito. E era!

Matilde, com cuidado extremo, dizia-lhe:

– Karen, precisamos conversar sobre aquilo que você me pediu.

– Sim, sim. Onde?

– Não sei, não sei...

Karen tomou a iniciativa:

– Lá na praça central, no banco ao lado do relógio.

– Sim. Vou sair às dezesseis horas e em quinze minutos chegarei lá. Até logo.

Karen, exultante, percebeu o nervosismo de Matilde. Alguma coisa importante estava para ser revelada, ou confirmada. Encontraram-se no local e hora combinados. Novamente estávamos lá, eu e os "assessores" de Karen.

Bem razão tinha o Apóstolo Paulo quando advertiu que constantemente estamos rodeados por uma nuvem de testemunhas.*

Nas proximidades do banco do jardim, além das duas moças, dos quatro Espíritos que acompanhavam Karen, além de mim, estavam outras

* Epístola aos Hebreus, 12:1 - Nota da Editora.

entidades desencarnadas fazendo companhia a encarnados, naquele momento desocupados. Tive a satisfação de ver se aproximar, em Espírito, uma senhora.

– Louvado seja Deus – cumprimentou-me. – Sou encarregada de ajudar Matilde.

Ali estava uma "colega". Regozijei-me com sua presença. Seu semblante estava apreensivo. Sem que trocássemos palavra, pusemos-nos a orar.

Matilde, carregando pesado sentimento de culpa do qual não conseguia libertar-se, sem ao menos cumprimentar a ex-vizinha, em tom baixo confidenciou-lhe:

– A situação é muito grave. O senhor Oreppi, com certeza, não sobreviverá.

– Como assim? O que ele tem?

– Está muito mal, com o ferimento na cabeça e outras coisas.

– Outras coisas?

– É.

– Que coisas, Matilde?

– Não tenho certeza, por isso não posso te dizer.

– Pelo amor de Deus, Matilde, então eu já não te disse que eu e Vito somos íntimos? Preciso ter certeza de tudo, para tomar meus cuidados.

Sempre com mentiras, com farsas, para conseguir o que queria. Assim era Karen.

Matilde titubeou.

A senhora que a protegia espiritualmente acercou-se dela e colocou a destra sobre sua fronte.

Tentei aproximar-me também de Karen, mas ela estava por demais empolgada com o momento e praticamente colada aos Espíritos maldosos.

Matilde, conseguindo alguma serenidade, foi surpreendida pela pergunta contundente que Karen lhe dirigiu:

– Como você acha que ele ficou doente?

A enfermeira afastou-se, num gesto instintivo, evitando contato com Karen. Foi traída por seu gesto.

– Sei o que ele tem – Karen fulminou.

– Sabe?

– Sim, sei. Realmente, é coisa muito grave. Comprei remédios algumas vezes para ele e sei para que servem.

– Oh! Karen.

Matilde começou a soluçar.

Karen colocou a mão em seu ombro e teve uma inesperada surpresa, Matilde desviou-se, num gesto brusco, não conseguindo evitar a demonstração de repulsa. O contato físico com Karen apavorava-a. Foi indisfarçável. Temia contaminar-se. Só então Karen lembrou-se que, quando se encontraram, momentos atrás, ao cumprimentar Matilde, estendendo-lhe a mão e oferecendo a face, teve recusados ambos os gestos. Na hora, tinha pensado que tal se devesse ao nervosismo dela.

"Matilde imagina que eu também estou," pensou. "Oh! Meu Deus!"

Matilde repugná-la tão ostensivamente, sem subterfúgios, era a prova cabal que necessitava. Vito, inapelavelmente, de forma a não restar mais dúvidas, estava condenado. Dentre tantos, era mais um aidético no mundo.

Não ficou triste. Pelo contrário, animou-se com a confirmação de suas suspeitas.

– Quem da família está cuidando dele? – inquiriu.

– Só o irmão, o senhor Gino. Há ordens expressas dele para que ninguém o visite e que nenhuma informação seja prestada. Penso que a família decidiu ocultar a doença do senhor Vito, pois vários repórteres não dão sossego à administração hospitalar e aos médicos, em busca de notícias.

Matilde levantou-se, arredia, finalizando a entrevista. Despediu-se, evitando contato com Karen. Antes de Matilde se afastar, Karen colocou-se à sua frente e desfechou uma ameaça:

– Se você contar para alguém o que sabe e principalmente sobre nossas conversas, vou procurar a direção do hospital e denunciar que você divulgou o segredo do senhor Oreppi. E vou alvoroçar a imprensa.

Nesse momento, sem que a protetora espiritual de Matilde pudesse impedir, os comparsas de Karen agrediram a enfermeira, que se sentiu mal e com vontade de vomitar. Karen, valendo-se da fraqueza demonstrada por Matilde, voltou a agredi-la, questionando.

– Fique tranqüila, que da minha parte jamais alguém saberá o que conversamos. Diga-me apenas mais uma coisa: Vito não chamou ninguém?

Esforçando-se para não se submeter ao mal-estar e ao enjôo, Matilde respondeu:

– Como ele poderia? O tiro atingiu uma parte da cabeça, nunca mais ele poderá falar.

Afastou-se, enojada com aquele diálogo, desde já arrependida. Sua protetora envolveu-a com vibrações calmantes, com o que se sentiu melhor.

Karen passou horas refletindo sobre os fatos que sabia. Nem por um segundo as tristes companhias espirituais a deixavam. Nem eu também.

Para seu plano prosperar, havia necessidade de uma aproximação direta com as pessoas mais próximas de Vito, sua esposa, seus pais e sua amante. Ou, talvez, o mais fácil fosse o irmão. Considerou que, no momento, não teria qualquer dificuldade em avistar-se com Aurélia.

Dirigiu-se ao Hospital Municipal. Como sempre, acompanhada de nós, os perturbadores e eu. Procurou inteirar-se de como o hospital administrava os pacientes aidéticos, todos pobres. Sem problemas, conseguiu achegar-se a Aurélia. Antes, teve que vestir um avental, colocar máscara, gorro e luvas. Foi informada que só o avental deveria ser devolvido, para reutilização, as demais peças eram descartáveis. Todas as peças tinham cheiro de cloro.

Quando adentrou a dependência, que era isolada das demais do hospital, sentiu vertigens pelo forte cheiro de gases, de putrefação, que nem o próprio cloro conseguia sobrepujar. A enfermaria era improvisada. Tinha a colaboração voluntária de alguns poucos assistentes sociais, quase todos jovens, de ambos os sexos. Num trabalho de incomparável dedicação e exemplo fraternal, ali permaneciam em turnos determinados, condicionados às suas folgas. No momento, só dois atendentes. Nenhum desses voluntários recebia remuneração. Sua presença, mesmo por pouco tempo, além de fortalecer o ânimo dos pacientes, encorajando-os para não se entregarem à doença, tinha importante efeito espiritual: entidades desencarnadas, rondando sinistramente as cercanias dos enfermos, só conseguiam se aproximar quando os jovens se afastavam.

Notei que dos jovens irradiavam luzes que incomodavam sobremaneira os salteadores do além. Os jovens não estavam sozinhos na sublime tarefa, com cada um, um "anjo da guarda". Jamais presenciara quadro mais pungente, aquele dos doentes em estado desesperador.

Ali permaneciam só os aidéticos em fase terminal. Patente que todos eram pobres. Emocionei-me com a caridade que enriquecia aquele ambiente espiritual, superando o império da pobreza material. Aqueles jovens representavam os "benditos de meu Pai", enaltecidos por Jesus, registrando os que "estariam à direita do Rei, entrando no reino, porque o visitaram quando estava enfermo".*

Karen apresentou-se a Aurélia como assistente social da Usina Santa Quiropita, estando ali por ordens expressas do senhor Vito. Aurélia estava arrasada. Sem defesas espirituais, suas poucas forças vitais eram cobiçadas por entidades desencarnadas, cuja descrição se torna difícil, pois mais se assemelhavam a monstros, metade humanos e metade aves de

* Mateus, 25:34 a 36 - Nota da Editora.

rapina.

Quando Karen se aproximou, seguida de seus assessores infelizes, houve um tumulto infernal, os dois bandos, o que chegava e outro que por lá rondava, engalfinharam-se. Venceu o bando de Karen.

"Aurélia devia ser muito bonita." Esse pensamento perpassou por Karen, que passou a sentir desagradável sensação, como se o destino de todas as mulheres bonitas, ela, inclusive, fosse aquele à sua frente.

– Há alguma coisa que você deseja que seja feita para ajudá-la? – perguntou.

– Pelo amor de Deus – Aurélia respondeu, olhando-a súplice –, peça ao Vito para cuidar dos nossos dois filhinhos.

Karen, cristalizada em sentimentos negativos, sentiu tontura. Quase desfaleceu. Sentimentos controversos visitaram-na.

Graças a Deus! Finalmente! Ouvira o grito da consciência, alertando-a de que tudo aquilo que estava fazendo era contrário à Lei Divina - a do Amor!

No dia seguinte, Karen procurou Matilde no Hospital em que esta trabalhava, forçando-a a ajudá-la a visitar Vito. Expulsara todos os sentimentos da véspera, os quais haviam me dado tantas esperanças de melhoria da sua conduta. Mediante chantagem, ameaçada de denúncia profissional, Matilde acompanhou-a até a Enfermaria onde estava Vito com outros doentes, todos em isolamento.

A Karen não passou despercebido o fato de que todos os funcionários que por ali transitavam, e eram poucos, entravam e saíam vestindo luvas, máscara e avental. Mentindo sempre, prometeu a Matilde que "só queria ver" o senhor Oreppi, uma última vez, antes que...

A enfermeira destacada para atender Vito naquela hora era conhecida de Matilde. Atendendo pedido desta, autorizou rápida visita ao leito do "ricaço", como desdenhosamente Vittorio Grazziano Oreppi era tratado no hospital. Agindo de caso pensado, Karen aparentou tranqüilidade até adentrar o isolamento e ser conduzida à presença daquele que iria visitar. Porém, agora que o via com a cabeça envolta em gazes, com aparelho de oxigênio ligado, atirou-se ao enfermo, em perfeita representação de dor e histerismo.

– Vito, Vito, o que fizeram com você?!

As duas enfermeiras afastaram-na do paciente.

Vito, que até então parecia estar dormindo, ou melhor, desmaiado, para não dizer morto, arregalou os olhos, surpreso. Impossibilitado de se expressar, seus olhos quase saltavam das órbitas. Impossível descrever ou adivinhar seus pensamentos.

As funcionárias, temerosas pelo doente, ante grave crise que um tremor generalizado denunciava prestes a ocorrer, pediram a Karen que saísse dali. Mas a jovem precisava ainda homologar seu plano. Em fingido, mas bem dissimulado pranto, acercou-se à força de Vito, superando o esforço das duas funcionárias que tentavam conduzi-la para fora da Enfermaria.

Conseguindo aproximar-se, disse em tom compungido:

– Não me deixe, amor, se você morrer, morrerei também.

Foi afastada. A enfermeira encarregada praticamente a expulsou.

Com senso profissional, tão logo se viu livre da intrusa, relatou o fato aos seus superiores. Contando com o testemunho de Matilde, "que acidentalmente passava por ali", narrou que "a amante do senhor Vito, usando subterfúgios, conseguira chegar ao isolamento, e, à força, dirigira-lhe algumas palavras histéricas, provocando crise convulsiva no paciente".

– "Amante" – perguntou a enfermeira-chefe?

– Sim – responderam ambas.

Matilde detalhou:

– Conheço-a de vista. Chama-se Karen. Consta que é amante do senhor Vito, há já alguns meses.

– O quê?

– Isso mesmo, provavelmente deve estar infectada também.

– Meu Deus! – exclamaram as duas colegas de Matilde.

– Pois é, ameaçou denunciar à imprensa que o Hospital e as autoridades não contaram a verdade sobre Vito, isto é, que ele tentou o suicídio por estar com AIDS.

– Quando fez essa ameaça?

– Quando consegui conduzi-la para fora das dependências do Hospital. – Matilde, para salvaguardar-se, mentiu – Por ser minha conhecida, ameaçou, também, chantagear-me perante a Diretoria.

Ali mesmo foi elaborado um relatório para a diretoria, a respeito do grave incidente. De comum acordo entre as três funcionárias, foi evidenciado que todos os procedimentos visaram resguardar a saúde do paciente, bem como a idoneidade do hospital.

No dia seguinte, Karen retornou ao hospital onde Vito estava internado. Dessa vez desconheceu a existência de Matilde. Já na portaria, indicou que queria falar, urgente, com o senhor Vito. A recepcionista, já instruída, consultou a direção. Um dos diretores veio à recepção e apresentou-se:

– Boa tarde, senhorita. Sou o doutor Marcos, Chefe da área de infectologia. Queira me acompanhar, por favor.

Karen seguiu-o. Adentrando ambos uma sala de consultas, vazia àquela hora, Marcos foi direto ao assunto:

– Sabendo seu grau de intimidade com o senhor Vito, creio que devo informá-la que a família não permite visitas.

Karen estava preparada. Retrucou, calma:

– A família não manda em mim. Eu e Vito, apenas nós dois, temos condições de decidir sobre o que fazer de nossas vidas.

– Mas ele não está nem podendo falar.

– Eu sei.

Nesse ponto, abreviando com dureza seu objetivo, Karen apelou:

– O senhor sabe por que ele tentou se matar?

Marcos ainda tentou disfarçar:

– Talvez por problemas comerciais.

– Nada disso, foi porque sabia que iria morrer de forma cruel.

– Como assim?!

– Ora, doutor, quem o senhor pensa que está enganando? Vamos tirar a máscara desse caso, colocada por este Hospital. Vito está com Aids. Sei, porque ele me contou. Nosso relacionamento é recente. Comigo ele se preveniu, pois eu não permitiria mesmo manter um caso mais íntimo sem as devidas precauções. Nem com ele, nem com ninguém.

Marcos embaraçou-se. Pensou: "Que pena, linda, jovem e promíscua".

Karen desatou o embaraço:

– Quero apenas vê-lo para transmitir um recado muito importante que o ajudará a morrer em paz. Se não puder dar o recado diretamente a ele, irei até seus pais e seu irmão Gino e contarei tudo. Quando a família souber, tudo o que acontecer será de responsabilidade sua e deste Hospital.

– Souber o quê?

– Leve-me até ele e o senhor ficará sabendo.

Marcos ponderou que, por precaução, para evitar qualquer escândalo, conforme ordens expressas da família, talvez fosse melhor conduzi-la até o paciente. Karen espantou-se ao rever Vito. Em poucos dias tinha emagrecido assustadoramente. Feições cadavéricas, suor abundante, grandes manchas vermelhas na testa, algumas infeccionadas. Os mesmos aparelhos ligados. Os olhos, apenas os olhos demonstravam uma grande ânsia, uma grande dor, um terrível medo. Justamente naquele momento estava num dos raros hiatos de entendimento do mundo à sua volta. Karen, equipada de luvas, máscara, touca e avental, cujo uso Marcos determinara, estando ele próprio assim apetrechado, aproximou-se de Vito. Acercando-se o suficiente, murmurou:

– Vito, preste atenção no que vou lhe contar. Aurélia está muito mal. Tem poucos dias de vida...

Emocionando o médico, tão afeito a tristezas, Vito derramou grossas lágrimas. Era um sinal evidente que tinha entendido o que Karen dizia. Karen foi também surpreendida pela reação de suas palavras. O coração assimilou a angústia estampada no doente, e ela própria, pela primeira vez sem fingir, não conseguiu evitar um dolorido choro.

De tão expressivos, os olhos de Vito pareciam inquirir:

– "E meus filhinhos?"

Karen captou a angústia. Informou:

– As crianças estão bem.

Vito, soluçando nervosamente, começou a tremer. Num gesto espontâneo, absolutamente não programado, Karen colocou a mão suavemente em sua testa. Acalmou-se Vito. Karen retornou ao controle emocional e rematou seu plano maquiavélico:

– Vou tomar conta de Aurélia e das crianças.

Não era uma pergunta. Era uma decisão. Assim entenderam Marcos e Vito. Apenas para oficializar o consentimento, tendo o precioso testemunho de um diretor do Hospital, Karen, com ar piedoso, explicou:

– O fim de Aurélia, com a mesma doença sua, infelizmente será breve. Ficarei com ela até o fim e com as crianças, até crescerem.

Entre fingidos soluços, completou:

– Mas só farei isso se você consentir. Sua esposa não precisa saber sobre Aurélia. Contarei só para Gino e pedirei segredo. Ele me ajudará.

Marcos entendeu do que se tratava, uma outra amante de Vito, mãe de filhos seus, ilegítimos; também com AIDS, em estado terminal, e aquela moça, talvez a amante atual, bondosamente prometia cuidar daquela segunda família de Vito, desconhecida dos Oreppi.

Vito arregalou os olhos, no movimento mais expressivo que seu cérebro, danificado pelo tiro, ainda permitia. Atormentado ante a idéia de "morrer em vida", pela AIDS, tentara o suicídio, fracassado.

Antes da infeliz tentativa, há algum tempo vinha sentindo fraqueza, suores abundantes noturnos, inapetência. Como Aurélia apresentasse os mesmos sintomas, além de problemas respiratórios, submeteram-se ambos a exames médicos. Aurélia, por recomendação médica, permaneceu internada no hospital, para tratamento, pois seu quadro clínico era mais grave. Exames laboratoriais posteriores comprovaram gravidade no seu estado geral de saúde. Os médicos convocaram Vito e fizeram-no ciente, recomendando que ele também se submetesse a outros exames, mais detalhados, já que os primeiros nada tinham acusado. Com espanto, ele e Aurélia foram encaminhados a exames sangüíneos específicos, cujo resultado soubera poucas horas antes de conhecer Karen: os dois, infectados pelo vírus da AIDS. Soropositivos! Sem raciocinar com as conseqüências, resolvera por fim à vida, evitando, assim, "vergonha e dores – para ele e para os familiares". Agora, sua angústia era inenarrável, pois não podia mais se mexer, nem falar. Sabia que o fim se aproximava, célere. Vivia com pesadelos horríveis, desde o malogrado tentame. Sabidamente, a imunodeficiência, na fase terminal, desencadeia estados de demência, em crises periódicas.

Vito, apenas em alguns pequenos espaços diários, conseguia concatenar algumas idéias. Entre pensamentos perturbados, conscientizara-se de que Aurélia estaria nas mesmas condições. Os dois filhinhos que tinha com ela, o que seria deles? Amava-os muito, a todos, Aurélia era aquela que lhe dera outros dois filhos do coração, vítimas dos tortuosos caminhos do destino, condenados que eram à penumbra social, ao anonimato paternal perverso. Como resolver tudo aquilo? Não se preocupava com a esposa e os filhos que levavam seu nome. Sabia-os protegidos pela herança que deixaria. Maior que as dores que sentia, sabendo-se paralítico e sem voz, era a angústia de pensar:

"O que será de Aurélia e dos outros dois filhinhos? O que fazer para protegê-los?"

Todos esses tormentos acrescentavam dor moral às dores físicas, cada vez mais cruéis. Sem atinar como, milagrosamente, vinha agora à sua presença aquela moça linda, cuja beleza, na verdade, tanto o impressionara há poucos dias, lá na sede da Usina, expondo todo o seu segredo, acenando-lhe com a solução para sua angústia. Incrédulo, sempre se houvera afastado de qualquer religião. Mas, mesmo assim, tudo aquilo que ouvira de Karen parecia "cair do Céu".

Marcos, prático, aproximou-se dele e propôs:

– Senhor Oreppi, se o senhor estiver de acordo, por favor pisque três vezes.

Vito piscou três vezes. Marcos questionou:

– O senhor quer que essa moça o ajude?

A reação de Vito foi a mesma, um tríplice piscar.

– O senhor quer que as coisas sejam resolvidas por ela, conforme acabou de oferecer?

Vito piscou energicamente, por outras três vezes. Marcos achou por bem encerrar a insólita visita. Despediu-se de Vito e gentil, mas seguro, tomou o braço de Karen, conduzindo-a para fora da Enfermaria. Karen estava sensibilizada pela tragédia na qual se envolvera. Em grande desconforto com os últimos instantes que acabara de vivenciar, chorava sem qualquer esforço, com as lágrimas nascendo espontâneas. Passou pelo seu pensamento desistir daquilo tudo.

Ao perceber sua intenção, aproximei-me dela e, quando ia incentivá-la ao arrependimento, fui bruscamente tolhido na ação, sendo agredido pelos assessores espirituais que tanto a desequilibravam.

Incutiram, aos gritos, que tudo estava indo muito bem e que estava se aproximando o instante glorioso em que ela ficaria rica. Ouviu-os.

AQUECENDO O CALDEIRÃO

Karen telefonou para Gino. Convidou-o a visitá-la, em casa, dizendo que queria contar fatos muito importantes sobre Vito. Disse que era muito urgente. Quando Gino chegou à modesta casa de Karen num luxuoso veículo dirigido por ele mesmo, os vizinhos entreolharam-se, curiosos.

Karen havia informado à sua mãe, dona Pérola, que "um namorado" viria conhecer a família. Atendido por Karen, Gino entrou e após cumprimentar a senhora Pérola foi convidado a sentar-se.

Pérola deixou-os a sós. Karen foi direto ao assunto:

– Seu irmão está com AIDS. Por isso tentou o suicídio. Vim agora do Hospital e "decidimos" que só você conheça seu segredo.

– Segredo?!

– Sim. Vito tem outra família.

– Como você sabe que ele tem AIDS?

– Depois explico. Agora, o importante é tratarmos de Aurélia, a outra amante, com a qual ele tem dois filhos, um de dois e outro de quase um ano.

Uma punhalada não teria ferido mais Gino. "Outra" significava que havia mais de uma amante. E, se Aurélia era uma, a outra seria Karen. Foi muito duro o choque emocional. Trêmulo, controlando-se a custo, perguntou:

– Você conhece Aurélia?

– Sim, visitei-a no hospital onde está internada.

– Meu Deus!

– Pois é. Aurélia morrerá breve também pela AIDS, que seu irmão transmitiu para ela. A casa na qual eles moravam é alugada. Há despesas a serem pagas, de aluguel, no armazém e na farmácia. Quanto às crianças, "não sabemos" ainda se estão infectadas. "Decidimos" que eu vou cuidar de Aurélia até ela morrer e depois, das crianças, até ficarem adultas.

Olhando fixo nos olhos de Gino, disparou aquele que considerava o "torpedo mortal", isto é, começava a pôr a mão na chave que abriria a fortuna dos Oreppi para ela:

– Vito pediu para você me ajudar nessa difícil tarefa e que ninguém fique sabendo.

Gino sentia grande torpor mental, quase impedindo-o de raciocinar. A desenvoltura das informações de Karen punham à mostra o grau de intimidade entre ela e seu irmão. Pensava:

"O segredo da família, tão trágico, tinha sobrepeso ainda mais cruel, talvez Marlene, a esposa de Vito, embora dele afastada há tempos, também estivesse contaminada. E, a julgar pelas palavras de Karen, desconhecia a infidelidade de Vito e a doença mortal. Seus pais, como reagiriam se todos aqueles fatos viessem à tona? Por quanto tempo seria possível ocultar tão dramática realidade?"

Porém, o que mais o machucava era a dúvida cruel, pequena dúvida, aliás, quanto ao que Karen representava na vida de Vito. Isso porque desde que a conhecera não conseguira esquecê-la. Por sua estonteante beleza, na verdade, mas também porque, no íntimo, uma fagulha incendiara-lhe a alma, aquecendo-a com prenúncios, desejos, sonhos. Paixão, talvez. Amor, certamente.

Ao ser convidado para visitá-la, estava formulando, pela milésima vez, um plano para voltar a tê-la junto a si. Ou, no mínimo, por perto. Talvez pudesse dar-lhe o cargo de sua secretária, pois não era emprego que viera procurar na Usina? Não era isso mesmo que Rita lhe dissera?

Ou seria apenas um disfarce para aproximar-se de Vito, disfarce esse combinado de comum acordo com ele? Precisava saber todas aquelas respostas, sob pena de perder a paz. Pois reconhecia que, para ele, Karen já estava se tornando uma obsessão.

"Uma doce obsessão", completou, em seu pensamento.

Karen, solícita, trouxe-lhe um copo d'água. Tomou um gole. Colocou o copo sobre a mesinha. Num arrebatamento, tomou as mãos da jovem e confessou:

– Karen, assim como você me contou um segredo, vou revelar-lhe outro, estou apaixonado.

Karen sentiu uma fisgada no peito. Por essa não esperava. Perpassou-lhe, súbito, que, se aquele moço gostasse de outra mulher, todo o seu plano desmoronaria.

Num segundo, cravaram-se dúvidas em sua mente:

"Pois, então, não pretendia usá-lo como meio de ligação, entre ela e a fortuna dos Oreppi? Seduzindo-o, o que já lhe sinalizava fácil, conseguiria transitar pelo mundo dos ricos. Suas mãos tremem, será emoção pelo que contei sobre Aurélia e Vito? Como é que eu vou conseguir o que quero, sem ele? Aurélia e os filhos dela com Vito que se arranjem; se fracassar meu plano, azar o deles".

Nem sequer se preocupava com aquelas três infelizes criaturas, como, aliás, jamais se preocupara com quem quer que fosse, a não ser com ela mesma.

Trêmulo e em grande desconforto íntimo, Gino deixou as mãos de Karen. Relutava em abrir seu coração com aquela jovem que despertara nele um sonho de felicidade há muito considerado distante.

Karen passou delicadamente as mãos no rosto do homem à sua frente e, sem dizer palavra, apenas com o brilho do olhar, incentivou-o a abrir seu coração.

Os espíritos que estavam com ela se mantinham em expectativa.

Gino, tomando coragem pela primeira vez na vida, afastou o biombo íntimo que tantas mulheres, debalde, haviam tentado remover para ver seus sonhos, suas emoções, se possível a própria alma. Contou seu segredo. Sem vaidade e com muita prudência quanto aos detalhes, falou de sua vida. Era ele o mais jovem dos Oreppi. Tinha acumuladas mal-sucedidas experiências no campo da afetividade, pois, sendo solteiro, era muito cobiçado por famílias do alto círculo social. Sentia-se qual raposa em plagas britânicas, com dezenas de nobres no seu encalço, felizes e descontraídos, bem equipados para a caça.

Karen perturbou-se com a narrativa, pois Gino interrompeu-a, fitando por demorados instantes um ponto indefinido.

Não podia ela saber os pensamentos de Gino, que pude captar:

Também na intimidade das paredes milionárias, que abrigavam os Oreppi, ele não encontrava a paz.

Há quase três anos, de forma absolutamente inesperada e chocante, recebeu um envelope lacrado, muito perfumado, das mãos de um desconhecido estafeta que após entregá-lo desapareceu.

Ao abrir o misterioso envelope, não entendeu seu conteúdo, apenas uma poesia. Leu-a:

DOR SUPREMA
(Antônio dos Reis Carvalho)

Dizem que amar sem ser também amado
É das desgraças a maior desgraça,
E é a do desengano amarga taça
Que tem mais corações envenenado.

O amante sofre, pensa alucinado
Pela ânsia de um desejo que não passa...
Para acalmá-lo é vão tudo que faça,
Nada consola o amor desenganado.

No entanto dor maior existe ainda,
Dor sem remédio, dor que nunca finda,
E que embalde no peito sufocamos.

É a mágoa de amar e amado embora,
Ter de calar o amor que nos devora
Jamais poder dizer que nos amamos.*

No rodapé da folha, uma frase ligeira:

"O poeta leu meu coração. Teria lido o seu?"

Já nem pensava mais na poesia e na remetente anônima, quando um mês após foi surpreendido por uma coincidência muito intrigante, a esposa de Vito, Marlene, a quem ele sempre dedicara o maior respeito e um grande carinho, pois fora padrinho do casamento deles, aproximou-se dele num encontro familiar. No ar que rodeava Marlene, um perfume, instantaneamente Gino identificou-o como sendo o mesmo do misterioso envelope com a poesia.

Intrigado, olhou bem nos olhos de Marlene, em busca de uma eventual confirmação. Nada percebeu. Marlene era a mesma de sempre, cordial, nada mais.

Uma segunda carta anônima, poucos dias após, dizia laconicamente: "vi amor por mim nos seus olhos e sendo um sonho impossível não deixei que você visse o mesmo nos meus".

Constrangido, adivinhou quem tinha escrito, Marlene.

Não demorou, Vito, em reunião íntima, comunicou aos pais e ao irmão que Marlene e ele não mais conviviam como marido e mulher. Haviam decidido não se divorciar, para não perturbar a educação dos filhos e também para evitar possíveis danos comerciais dos Oreppi. De comum acordo, combinaram manter as aparências, apenas, inclusive perante os filhos. Quando eles crescessem um pouco mais, aí então a separação seria formalizada.

Vito, fazendo viagens internacionais, a negócios, não se manteve fiel à esposa. Com euforia, a cada viagem trazia para a Usina excelentes contratos e para o lar, apatia.

A sós com Gino, narrava suas peripécias comerciais e suas aventuras extraconjugais. Sendo repreendido pelo irmão quanto a estas, deixou de confiar nele. Decidiu nunca mais contar-lhe sobre seus atos ilícitos, com mulheres de praticamente todos os países que visitava, companheiras de noitadas que jamais voltaria a ver, pois ao retornar àquele país repetia

* Antônio dos Reis Carvalho, escritor, jornalista e poeta brasileiro - 1874/1946 - Nota da Editora.

as orgias, mas sempre diversificava parcerias.

Marlene sustentou o abandono o quanto pôde. Não mais resistiu aos tormentos de "ser viúva de marido vivo", conforme desabafou com a sogra.

Dona Lízzia, intransigente, repreendeu-a:

"Pois, então, seu filho Vito não era um 'bambino d'oro'? Pobrezinho, se matando para o bem de todos os Oreppi, inclusive os que 'chegaram por último' e assinam Oreppi, sem ter sangue Oreppi – referindo-se à nora queixosa. E a mulher não o ajudando".

Vito, cuja saúde não estava muito bem ultimamente, confiando sempre em Gino, contou-lhe que foi nessa época que se amasiou com Aurélia, sua conhecida dos tempos de solteiro. Dessa união nasceram dois filhos. Agora, sofrendo constantes crises respiratórias, seguidas de febre alta, procurou os pais, expondo-lhes que desejava constituir nova família que já possuía, mas foi ameaçado por eles de deserdação.

Gino mantivera o segredo do irmão, que só ele, da família, conhecia. Aliás, atendendo pedido de Vito, vez por outra visitava Marlene, respeitoso, só adentrava o lar da cunhada quando os sobrinhos estavam em casa. Numa dessas visitas, os sobrinhos saíram por alguns instantes, para folguedos em frente da casa com amiguinhos. Nem bem ficaram a sós, Marlene irrompeu em choro.

Ao ampará-la, Gino foi surpreendido pelo abraço passional e pelo beijo sensualizado que por dois ou três segundos recebeu da cunhada.

Desvencilhou-se, rápido. Marlene trazia nos olhos toda a angústia de um coração desesperado pela solidão e pelos apelos do seu corpo de mulher normal, não atendidos. E mais, confessou-lhe que sempre o admirara, de início, como cunhada e amiga.

Gino compreendeu que pelo desprezo de Vito a ex-esposa passasse a ver nele um homem e não mais apenas o cunhado, ou um amigo. Para ela, tais sentimentos não tardaram e os anseios legítimos, enquanto de esposa, se dirigiram obsessivamente para endereço errado: o cunhado.

Olhavam-se, atônitos. Gino, surpreso. Marlene, frustrada.

– Você não me ama, Gino?!

– Marlene, eu a estimo como amiga e como irmã. É assim que sempre...

Não pôde prosseguir. Marlene, humilhada e furiosa, fitou-o com brasas no olhar, substitutas das lágrimas e angústias de há pouco, sem se despedir, quase correndo, foi trancar-se no banheiro.

Todas essas lembranças perpassaram pela mente de Gino, em incrível velocidade. Considerou prudente não mencioná-las a Karen.

Olhando-a com intensidade, apenas completou:

– A felicidade para mim teria um preço muito alto.

Referia-se, enigmático, a uma provável traição que faria a Vito se entregasse àquela jovem deslumbrante a chave do seu coração.

Mas era exatamente isso que queria fazer.

"Karen será minha algum dia?" – pensava aflito –. "Terei essa ventura? Seria justo fazer isso com Vito, à morte?"

Buscando e temendo respostas, ficou de pé, intentando retirar-se.

Refletiu:

"Parece que entrei num caldeirão, que está esquentando cada vez mais".

Ouvindo a narração de Gino, Karen ainda mantinha opressão na alma, em nenhum momento ele dissera uma única palavra sobre o que sentia por ela.

Foi quando os Espíritos que a acompanhavam e que simultaneamente comigo captaram essa ligeira angústia agiram rápido. Sem perda de tempo, achegaram-se a ela, em nefasto abraço, produzindo de imediato uma simbiose fluídica. Sem a menor dificuldade fizeram-na pensar que, se o moço tinha contado tudo aquilo é porque estava apaixonado por ela, pois ninguém confia assim num estranho. E acrescentaram, "ainda mais um Oreppi, tão esperto".

Incrível como a atitude mental de Karen mudou. Reassumindo o controle das emoções, dos pensamentos e das palavras, delicadamente tomou as mãos de Gino e disse-lhe:

– Oh! Gino, como eu gostaria de poder ajudá-lo.

O moço, envolvido na aura das recordações infelizes e na iminência da morte do irmão, trazia desguarnecido seu coração. O toque suave das mãos de Karen, sua presença de mulher compreensiva, o clima de apoio e outros indefiníveis sentimentos, romperam todos os diques impostos por Gino ao amor. Sem dominar as palavras, que ali extravazavam ilusões do passado, desilusões no presente e anseios para o futuro, achegou-se a ela.

– Karen, seja sincera – disse sem receio e maior esperança –, entre você e meu irmão...

Karen estava preparada e escorada pelos conselheiros invisíveis. Nem deixou Gino concluir:

– Gino, vem comigo.

Levantou-se e segurando as mãos dele conduziu-o até a cozinha. Abriu o pequeno armário de mantimentos, destampou vários vasilhames e exibiu-os, estavam vazios. Abriu a geladeira, expondo no interior apenas um litro d'água, dois ou três tomates e algumas verduras. Ao lado, sem entender o que via, a mãe de Karen estava passando roupa. Muita roupa, três enormes pilhas.

– São de três casas – disse Karen, quase sem voz – que mamãe atende, para podermos comer.

Voltou para a pequena sala de visitas e completou o quadro de pobreza:

– Papai está doente. Não trabalha. Precisa de tratamento especializado, senão vai morrer logo também.

O "também" era intencional, ligando Vito à conversa.

Gino estava surpreso e muito embaraçado.

Karen desanuviou:

– Quando um homem e uma mulher têm um pequeno relacionamento, todos pensam que ou é por sexo ou por dinheiro.

Chorando, exclamou:

– Entre mim e Vito, de minha parte, foi por comida e remédios.

Gino, enlevado, feliz mesmo por ter respondida a angustiante pergunta íntima sobre seu irmão e Karen, liberou todos os seus impulsos.

Abraçando Karen, murmurou ao seu ouvido:

– Nem só sexo e dinheiro unem um homem e uma mulher, o amor, Karen, ao contrário, faz deles um só, para sempre!

Os olhos deles brilhavam.

Para Karen, aquelas palavras adentrando sua alma feminina eram o prenúncio do paraíso.

Nunca sentira emoção igual.

Seus assessores, sem compreender o que se passava, sentiram-se rechaçados, não podendo sequer encarar o casal, envolvido por luzes brilhantes.

Gino, do fundo da alma, trouxe para os lábios as mais ternas palavras que qualquer pessoa jamais pode ouvir:

– Eu te amo!

Desde a primeira aula do curso de "anjo da guarda", invariavelmente éramos alertados quanto à "625".

Volta e meia recomendavam a observância da "625".

Diziam nossos instrutores:

– De todas as provas a que o Espírito é submetido, a mansidão é a mais difícil de ser vivida, eis que na criatura humana os ecos do orgulho, da vaidade, do amor-próprio, geram um filho predileto, o melindre.

Complementavam:

– Ser manso envolve todo um universo de progresso espiritual. Tempo virá em que todos os nossos melindres se converterão em atos de humildade, espontâneos, então, agiremos da forma que Jesus exemplificou. Nesse tempo, estaremos vivenciando o amor, em grau suficiente para nos livrar dos sofrimentos.

Em uma de nossas aulas, um colega e eu fomos convidados a representar um desentendimento qualquer, que deveria culminar sendo resolvido através do exercício da mansidão.

Com a serenidade própria de quem sabe exatamente o que faz, os instrutores convidaram os demais alunos a fazerem um círculo, rodeando-nos, a Julião, o colega, e a mim. Feita uma prece, iniciou-se a representação. O ambiente era sereno, de paz. Aquilo era uma instrução.

Instados pelos responsáveis, iniciamos uma conversa qualquer, na qual Julião deveria ser o "agressor", submetendo-me à prova da mansidão.

Então aconteceu:

– Oi, quanta alegria em vê-lo!

– Bom dia, Julião. Também alegro-me com nosso encontro.

– Por onde tem andado?

– Por aí... por aí...

– O que tem feito?

– Não muita coisa, só estudar.

– Ah! então você voltou para a escola?

– É. Voltei.

– Ué, mas você não tinha declarado que nunca mais estudaria?

– Eu? Não me lembro. Se disse alguma coisa, não foi bem isso.

– Como não se lembra? Se você se esqueceu, eu não, lembro-me perfeitamente de você "jurar" que nunca mais pisaria nem naquela, nem em qualquer outra escola.

– Espere um pouco, Julião, em primeiro lugar, eu não me lembro mesmo de ter dito que abandonaria os estudos e também não me lembro de ter "jurado" nada.

– Você está me chamando de mentiroso?

– Não é bem assim.

– Então, como é? Você fala as coisas e depois não assume e ainda por cima insinua que estou mentindo.

– Eu?! Não estou insinuando nada.

– Está sim. Não seja covarde.

– Não sou covarde. Nunca fui! Penso que você está com algum problema.

– Quem está com problema é você, e na cabeça.

– Veja como fala comigo.

– É isso mesmo, seja homem e não um covarde.

Bem, aqui, o que era apenas uma ligeira encenação, de caráter instrutivo, desandou.

Alguma coisa, no íntimo, me fez esquentar as idéias, pois percebi, ou pelo menos pensei ter percebido, "alguma sinceridade" nas palavras de Julião.

Isso era inaceitável para mim. Pensei:

"Então isso não é apenas uma aula? Como pode ele estar me ofendendo dessa maneira na frente de todos?"

Mal acabei de formular esse pensamento minha temperatura interna subiu abruptamente e, apontando o dedo indicador para Julião, disse, entre dentes:

– Olha aqui, Julião, não sou débil e muito menos covarde, fique sabendo que...

Fomos interrompidos. Os instrutores com serena energia bateram duas palmas que tiveram o efeito mágico de trazer-me de volta à normalidade.

Julião tinha os olhos arregalados, incrédulo diante do que ouvira, mais pelo tom que empreguei. Assim também os demais alunos, todos me olhando. Os instrutores, calmos, como sempre. Só eu, exaltado, embora desacelerando.

Colocando a mão em meu ombro, um dos instrutores, olhando-me piedosamente, disse:

– Deus nos abençoe sempre.

Capacitei-me do papelão e fracasso meus. Tão rápido fervi, esfriei. Não me restou senão chorar. Aumentou a dor de minha alma perceber lágrimas nos instrutores e em quase todos os colegas. Julião estava praticamente em estado de choque ainda. Atirei-me a ele e beijei-lhe os pés, pedindo perdão.

O contraste de emoções calou fundo em meu coração e percebi a tibieza da minha alma. Pensar que era apenas uma lição.

Mal pensei isso e um dos instrutores aparteou:

– A "625" teria evitado o problema.

Após intensas reflexões, descobri, eufórico. Fui à grande biblioteca, onde tomei um exemplar de *O Livro dos Espíritos*. Virei as páginas. Lá estava:

Questão 625 – Qual o tipo mais perfeito que Deus ofereceu ao homem para lhe servir de guia e modelo?

– Vede Jesus.

Resposta curta, sumária, sintética. Realmente, Jesus é o modelo. Para todo o Bem!

Vendo Gino e Karen envolvidos na sublime aura do amor, decidi aproveitar a oportunidade para tentar uma ação evangélica junto aos assessores dela. Embora mantidos a distância pela aura do amor que circundava o casal, estavam radiantes, o êxito do plano de se vingarem afigurava-se promissor. Pela primeira vez aproximei-me deles, ousando encurtar a distância entre nós, prudentemente mantida até então, nunca inferior a mais ou menos seis metros.

Pelo entusiasmo que viviam não me agrediram. Pelo menos, de pronto. Um deles, que parecia ser o líder, questionou:

– O que você quer, "Pirilampo"?

Pirilampo foi o apelido que me puseram, do qual, inclusive, me orgulharei sempre. De fato, nem sempre eu estava firme na fé cristã e por isso, em nossos vários encontros, eles devem ter me visto ora de um jeito, ora de outro. Daí, o apelido, pelas minhas pequeninas luzes, intermitentes, ora "acesas", ora "apagadas".

Sem forçar nada no meu interior, fui sincero:

– Gostaria de conversar com vocês.

– Conversar? Sobre o que, "Pirilampo"?

– Sobre Karen.

Foi inevitável, dois deles saltaram sobre mim, socando-me. Não reagi. Mesmo com o grande desconforto, consegui elevar o pensamento a Jesus. Pelo menos, creio que consegui pensar em Jesus. Pois a minha falta de reação "física" pegou-lhes de surpresa. Pararam de me agredir. Não acreditavam que alguém, jamais, pudesse ser agredido sem se defender. "Bendita 625", pensei.

– Ela é nossa – disse o líder. – Não se meta.

– Sei, sei. Estou justamente pensando no bem dela.

– Se você quer ajudar, deixe-a. Nós somos suficientes para dar-lhe o que mais deseja.

– Estou certo que sim. Mas peço-lhes considerar se vocês dariam a uma filha o que estão lhe dando...

Aí foi que a temperatura novamente se elevou no ambiente. Súbito, ameaçador, o chefe dos obsessores de Karen encostou-se a mim e ameaçou:

– É melhor sumir da nossa frente, senão...

Empregando ensinamentos assimilados, desviei o caráter polêmico da conversa:

– Está bem. Só queria ajudar a jovem e, se quisessem, a vocês também.

– A nós?! Você?! Não nos faça rir...

– Não tenho mesmo nada a oferecer, mas sei onde vocês poderão encontrar uma grande surpresa que muito os deixará felizes...

Percebi que a resposta mexera com todos eles, despertando-lhes o interesse.

– Onde?

A pergunta foi feita por mais de um.

– Num ambiente onde serão tratados como irmãos – informei –, com carinho e respeito, podendo conversar sobre as dúvidas que têm e pedir ajuda a atendentes dispostos.

– Dúvidas? Nós não temos dúvidas, "Pirilampo". Temos é certeza. O que fazemos, fazemo-lo com convicção. Fomos cruelmente tratados e não podemos deixar as coisas assim.

Pela primeira vez, vi em suas fisionomias um brilho, quando o líder exclamou:

– E nossas famílias? Você sabe o que fizeram com elas? Você sabe?!

Não me deixando surpreender pelo dolorido desabafo feito em forma de pergunta, busquei inspiração em Jesus e respondi:

– Nesse lugar onde estou pensando em levá-los vocês poderão ver como estão suas famílias.

Captei o crescente interesse deles. Entreolharam-se, incrédulos.

Fixei meu pensamento em Jesus e intimamente fiz uma prece em benefício daqueles sofridos irmãos.

Alguma coisa em mim causou-lhes espanto, pois olhando-me comentaram:

– Ele não está apagando, parou de piscar – comentaram em tom abrandado e admirados. – "Pirilampo", o que mais queremos é ver nossas famílias. Você tem certeza de que poderá levar-nos até elas?

– Não posso prometer que vocês verão suas famílias – respondi consciente –, mas posso prometer-lhes uma coisa: quem toma conta do ambiente ao qual pretendo conduzi-los tem condições de dar notícias delas.

– Onde é esse ambiente?

– É um lugar humilde, aqui mesmo nesta cidade.

– Quem é o dono do lugar?

Causei-lhes uma primeira grande surpresa:

– O responsável está justamente à nossa frente.

– Ele?! – admiraram-se.

– Sim, ele, Gino Oreppi é o atual presidente do Centro Espírita Samaritanos, ao qual os convido a visitar.

Há anos Gino freqüentava o "Samaritanos", sendo seu presidente há um ano. Sendo médium psicofônico impropriamente denominado "de incorporação", por alguns, participava ali ativamente de duas reuniões mediúnicas semanais. Estudioso da Doutrina Espírita, submetia à moral cristã quase todas as suas ações.

Sua família não aceitava o Espiritismo. Combatia-o mesmo.

No seu ambiente de trabalho, muitos eram os amigos que granjeara, graças à sua conduta sincera e fraternal. Muitos dos seus empregados também eram freqüentadores do "Samaritanos". Alguns, assim como ele, médiuns ativos. Há muito tempo uma idéia vinha sendo alimentada por Gino: construir uma obra assistencial para atender aos milhares de empregados e suas famílias, de todas as empresas do Grupo Oreppi. Havia na Usina um grande armazém desativado há muito tempo. Gino, após muita reflexão, havia escolhido aquele prédio abandonado para reformá-lo e nele implantar ambulatório, creche e escola. Para tanto, realizou alguns levantamentos, consultou engenheiros amigos e conseguiu aprovar uma planta de reforma, no Departamento Municipal de Obras.

Convenceu Vito e os pais que a obra, depois de pronta, seria de grande valia para o Grupo Oreppi, justificando plenamente o investimento necessário. Na análise "custo-benefício", a obra proporcionaria mais assiduidade dos operários, tranqüilizando-os quanto à assistência que poderia ser prestada a seus familiares. Inclusive o ambulatório médico, transformando-se em mini-hospital, evitaria enormes despesas com transporte a hospitais. A creche, a ser ali instalada, atenderia as crianças, liberando as mães que quisessem trabalhar.

As obras da reforma e adaptação estavam concluídas justamente quando ocorreu a tragédia abrupta com Vito.

Gino sentia que estava diante de importantes fatos, cujas raízes arremetiam a origem a um passado longínquo, inexpugnável. O amor o contemplava, na pessoa de Karen. Mas os pensamentos eram controversos.

"O que lhes reservava o futuro? Como explicar que aquela criatura que falava tanto ao seu coração surgisse justamente agora, no pico da tragédia com Vito? Por que a vida fizera Karen passar antes pelo espaço físico-espiritual de Vito para só depois invadir o seu?"

Espírita convicto, sabia que as teias do destino nada mais são do que a resultante de acontecimentos que cada criatura promove, nas diversas vezes em que o Espírito, agasalhado pelo perispírito, reveste-se do escafandro carnal e mergulha na vida material. Tais mergulhos, as reencarnações, nunca ocorrem ao bel-prazer daquele que vai para a jornada terrena, mas, sim, obedientes a um preciso planejamento; sempre tendentes a proporcionar a evolução moral, de alcance abrangente a um grupo de espíritos e não apenas àquele que reencarna; inferindo-se daí que quem os planeja tem elevada competência, a par de iluminação espiritual, eis que os mecanismos reencarnatórios obedecem à Lei Moral da Evolução. Tal é lei. Lei Divina.

"Não havendo efeito sem causa – pensava Gino – e sendo Deus a Justiça Suprema, nenhuma aflição alcança inocentes. Meu irmão desprezou o dom da vida e equivocadamente usou o livre-arbítrio para alterar o rumo da sua jornada. O suicídio tentado foi o último elo da enganosa corrente que ele próprio construiu e da qual se tornou cativo".

Sua mente laborava a melhor maneira de administrar todos os possíveis dramas que o equivocado gesto de Vito havia desencadeado, acrescidos das terríveis conseqüências da doença que o originara.

"Pensar que Vito – analisava triste –, pelo seu comportamento dissoluto, voluntariamente buscou essa doença, entrando pela larga porta da perdição para transitar na espaçosa estrada dos prazeres fugazes".

Lembrou-se Gino dessas palavras ao recordar a advertência de Jesus, citada por Mateus (7-13,14), sobre a "porta estreita". Um foco intenso de luz resplandeceu em sua silhueta. Logo, ao seu lado, vi Letes.

"Letes aqui?!" – pensei.

– Bom dia, irmão – respondeu-me. – Sendo auxiliar de Florêncio, normalmente só compareço aos locais onde ele assim orienta.

– Você é o guardião de Gino?! – não pude conter a curiosidade.

– Não diria que sou seu guardião. Pelo contrário, quase sempre ele é que me ajuda.

– Um encarnado?

– Sim. Florêncio é o guardião da família Oreppi. Quanto a Gino, graças aos seus bons sentimentos, volta e meia, em momentos difíceis, ele se constitui no "anjo da guarda" de algum deles.

– "Anjo da guarda" encarnado? – insisti.

– Por que não? Florêncio me disse, quando me convidou para trabalhar com ele, que teríamos em Gino um grande aliado, facilitando sempre a tarefa de amparar aos Oreppi.

– Florêncio se dedica, na maior parte do tempo – completou para elucidar de vez minhas dúvidas –, aos pais de Gino, a Vito e família. Eu apenas ajudo.

Um tanto quanto desconcertado, inquiri sem maldade, isto é, sem curiosidade vã.

– Qual das famílias de Vito? – mal falei arrependi-me, devia ter freado a língua.

Letes percebeu minha intenção, quase aflição, aduzindo paciente:

– As duas, meu amigo... as duas.

Captei imensa angústia em sua resposta. Mais que angústia, dor, daquela que dói mais, nascida da tristeza gerada pela ingratidão.

Havia qualquer coisa profunda na alma daquele simpático irmão à minha frente, de tão imensa estatura.

"O que será que se esconde em sua alma que o fere tanto?" pensei.

Nem bem acabei de pensar isso e ele, com simplicidade e confiança, explicou:

– A esposa de Vito, Marlene, é muitíssimo querida do meu coração. Na verdade, eu sou seu anjo da guarda; mas ela teima e recusa tudo o que eu tento fazer para ajudá-la; repele minha presença de tal forma, que por várias vezes pedi a Florêncio desligar-me e transferir-me para bem longe.

Meu espanto era enorme.

– Será que "anjo da guarda" pode desistir?!

– Florêncio disse que respeitaria meu livre-arbítrio – prosseguiu Letes – já que isso faz parte da Lei Moral que concedeu tal bênção a todos os filhos de Deus. Sugeriu apenas que, antes de decidir-me, talvez fosse prudente refletir sobre a dádiva celestial que nos engaja nas tarefas difíceis, mormente aquelas temperadas pelo ácido da ingratidão. Sabe o que Florêncio me ensinou e que por isso nunca mais pensarei em desistir de tarefas difíceis? Que vencer nessas condições será sempre imitar ao Cristo. Quando reconsiderei e decidi permanecer, só então Florêncio informou-me que Marlene, no momento, acha-se sob uma tempestade espiritual. Sob o jugo de más companhias espirituais, trama um grande escândalo. Julga-se com a mesma doença de Vito. Imagine você, por aí, o que pode acontecer.

Refleti, instantaneamente:

"Karen tem companhias trevosas, Vito está cercado por outras tantas, agora, é Marlene quem se acumplicia com entidades infelizes. Meu Deus, quantos inimigos estão ligados aos Oreppi".

Letes aumentou meu espanto, informando ainda:

– Marlene tem pensado em suicídio, depois que tirar a vida dos filhos. Para ela, será insuportável a vergonha social e os sofrimentos físicos que a doença trará. Pensando em solucionar o problema, está, na verdade, prestes a inaugurar outra tragédia, para ela e para todos os Oreppi, cuja amplitude na dor, para o resgate, se projeta por séculos à frente. E isso não é tudo, quando o casamento fracassou, não quis contar a Vito que estava grávida. Foi a um endereço "do mal" e quando dele saiu não mais trazia no ventre um filho, que muito a amaria. Porém, passou a trazer, junto à alma, um inimigo que a odeia.

Fiquei perplexo. Soubesse a mulher que arranca de si uma criança esperançosa de ver o Sol e viver, que destrói o futuro de dois Espíritos por largo tempo, o seu e outro, com certeza não o faria mais!

Desde a continuidade da vida terrena essa mãe não terá mais paz na consciência e, ao desencarnar, poderá encontrar uma feroz revolta por parte da vítima do aborto. Aquele que poderia ser seu filho amado, na maioria dos casos, torna-se vingativo insensível. Essa mesma mulher terá provavelmente dificuldades em vidas futuras, quanto à maternidade, não raro acometida de distúrbios genésicos. Dores, muitas dores morais, pela maternidade que "a natureza" lhe nega, físicas, por enfermidades no perímetro uterino e órgãos correlatos. E não só ela poderá ser responsabilizada. De cem abortos, talvez nem cinco sejam solitários; na maioria dos casos, muitos são os coniventes com esse bárbaro crime, a começar do futuro pai, das famílias envolvidas, dos "profissionais" convocados, da própria sociedade.

A missão daquele companheiro era infinitamente mais difícil que a minha, se Karen não me ouvia, também não me repelia; Karen queria viver, Marlene queria matar e morrer, aliás, ao abortar, já havia cometido um assassinato – o mais cruel de todos!

Decidi tudo fazer para ajudar Letes.

– Recebi instruções de Florêncio para apresentar-me a você – ainda uma vez, surpreendeu-me – para juntos elaborarmos uma forma de auxiliar os familiares de Vito. A doença dele, além de desestruturar sua atual jornada terrena, está pondo em risco o processo reencarnatório dos seus familiares. Aliás, o fato de Karen precipitar sua aproximação com os Oreppi vem a acrescentar um outro temerário ingrediente à já tão complexa situação. Assim, eu é que serei o ajudante, se por acaso você aceitar.

"Formar equipe com Letes será muito bom", pensei.

Demonstrando algum cuidado com as palavras, mas sorrindo, ajuntou:

– Fiquei muito feliz em ser destacado para trabalharmos juntos, pois desde quando lhe entreguei o bilhete de Sangiorgio, no porto, já havia programação de unirmos forças em prol dos Oreppi de ontem, que são os mesmos de hoje.

Quase caí de costas, então Letes era aquele humilde médium e eu o "grande" capitão do navio!

"Santo Deus, como a gente se engana, bem que Jesus já dizia que todo aquele que se fizer pequeno na Terra será o maior no reino dos Céus", como registrou Mateus no seu Evangelho, no Cap. 18, v. 1 a 5.

Abracei Letes demoradamente. Tínhamos a sensação de dois pássaros, há muito distantes, que se reencontram nas alturas do céu e decidem que, dali para a frente, seu vôo nunca mais será solitário, tendo sempre um amigo ao lado.

Letes explicou-me que assumiu a forma perispiritual que eu estava vendo, por sugestão de Florêncio, pois a missão que lhe cabia melhor seria realizada.

Gino, ao declarar seu amor por Karen, registrou espiritualmente a presença de Letes. Sentiu-se fortalecido nas atitudes que estava intentando. Após mais alguns instantes de reflexão, de pensamento no Mestre Jesus, dirigiu-se ponderado a Karen.

– Deus colocou-a junto à nossa família e eu agradeço ao Pai por isso.

Karen gostou do que ouviu. Os Espíritos que a ajudavam também. E eu, pois sabia as intenções de Gino. De fato, prosseguiu falando mais pelo coração:

– Sinto que de alguma forma nossos destinos estão numa encruzilhada. Cada um de nós pode tomar mais de uma direção, além de podermos optar por seguir juntos ou separados. Não sei o que Deus nos reserva, ou, melhor, qual a tarefa que devemos cumprir, mas nesse instante convido-a a me acompanhar. Por muito tempo – completou com ternura.

Karen levantou-se, tomou as mãos de Gino, que também se ergueu, e, encostando a cabeça no peito dele, abraçou-o comovida. Enlevou-se com o forte batimento cardíaco que ouviu. Invadiu-a sensação de paz, de segurança e felicidade.

Suas auras se mesclaram, confundindo-se em cores brilhantes. Lábios e corações unidos, trocaram impulsivo beijo.

– Desde que a vi imaginei se nossas vidas teriam sido dadas por Deus para nos juntar – confessou Gino. – Agora tenho certeza. Quero vê-la todos os dias da minha vida!

– Eu também, Gino. – Karen retribuiu a confissão – Não sei se poderia passar um dia sem você, a partir de hoje.

Equacionando os pensamentos, Gino pensou "em voz alta":

– Teremos dificuldades com papai e mamãe ... – Após refletir um pouco, explicou – Se para nós este momento é de felicidade, para minha família é muito delicado. Sem abrir mão do nosso futuro, creio que é melhor sermos prudentes, não revelando, por enquanto, nossos sentimentos. Penso que uma boa idéia será você ser admitida para trabalhar na Usina, na função de auxiliar de assistente social. Assim, estaremos sempre por perto um do outro, pois tenho planos de logo inaugurar um ambulatório. Aliás, não será apenas ambulatório, proporcionaremos vários atendimentos a todos os nossos empregados e seus familiares.

Segurando as mãos da jovem, perguntou:

– Você aceita o emprego?

Karen percebeu que eram sensatas as palavras que ouvira. Calculou, de pronto, que também essa era uma forma de ela gravitar em órbita próxima ao mundo dos Oreppi.

"Depois desses instantes mágicos que acabei de viver, nunca mais Gino me deixará, nem eu a ele. Vito vai morrer logo e Gino será o presidente efetivo da Usina. Ficando perto dele, logo todos verão, inclusive a família, que entre nós dois não há apenas vínculos profissionais".

– Não só aceito, como exijo que a partir de hoje o senhor presidente nunca mais deixe de ver a atendente social da Usina. Pela primeira vez o amor me visita. Eu te amo!

Estava sendo absolutamente sincera.

Os companheiros espirituais de Karen aproximaram-se do casal, receosos. Há tempos vinham aconselhando-a a procedimentos que lhes possibilitassem vingar-se dos Oreppi, e justamente agora que vislumbravam vitória ficaram ressabiados pela presença de Letes. Nem se importavam comigo, mas com Letes a coisa era diferente, só seu tamanho já era realmente assustador. Compreendi o porquê de sua atual aparência.

– Vamos conversar – Letes dirigiu-se a eles, sem qualquer afetação.

Letes falar era o mesmo que ordenar. Obedeceram. O gigante, com a maior calma, disse-lhes:

– Precisamos de vocês. Por que nós não nos unimos para ajudar essa gente e para ajudar as famílias de vocês?

Entreolharam-se, desconfiados. Ninguém se atrevia a abrir a boca. "Contestar ou duvidar pode ser perigoso", pensavam todos.

Pedi licença e ofertei:

– Sei que vocês, no fundo, não são maus. Foram machucados pelos Oreppi e querem fazer justiça. É aí que reside o maior engano de todos os que assim procedem, já que a Justiça somente pertence a Deus. – Animado por não ser interrompido, prossegui – Pensem bem, quem queria ter um filho com a doença de Vito e ainda por cima com um tiro na cabeça? Quem queria estar agora no lugar dele? Ou no lugar de Marlene, de Aurélia, das crianças deles? Qual de nós?!

Letes, ouvindo minhas palavras, começou a soluçar.

– Marlene... – balbuciou com voz entrecortada.

Por essa, nem eu nem os outros Espíritos esperavam. Grossas lágrimas escorriam por aquele rosto de feições rijas, fato jamais imaginado por nós. Ver o gigante chorar foi algo que rompeu o clima de desconfiança e temor por parte dos Espíritos infelizes.

Cantídio, o chefe do bando, comovido, como se aquelas lágrimas entrassem no seu peito, qual um feixe luminoso de raio laser que penetra numa barra de aço, teve despertado em seu coração um dos mais nobres sentimentos, a piedade.

Com efeito, solidário com o homem grande à sua frente, e sem temê-lo, aproximou-se e abraçou-o, dizendo:

– Também tenho mulher e filhos com grandes problemas. Sua dor é igual à minha. Se eu valer para alguma coisa, conte comigo.

Os companheiros, fiéis ao chefe, acercaram-se de Letes e todos queriam abraçá-lo, o que foi feito entre lágrimas que se misturavam.

Raramente se vê cena de tamanha expressão.

"Pena que quase sempre é a dor que une"... – pensei, com os olhos lacrimejantes –, "seria tão bom se fosse só pelo amor".

O TROVÃO E A CONSCIÊNCIA

A declaração mútua de amor de Gino e Karen deixou-me feliz, compartilhando com eles da sua alegria.

Karen, que há tempos eu não via entregue à autenticidade, trazia agora, interna e externamente, uma aura agradável.

– Vamos agora mesmo visitar Vito? – propôs Gino, agindo com objetividade.

Não era uma pergunta, era mais que um convite. Difícil de não aceitar, devido às circunstâncias. Karen tremeu. De imediato, percebi que sua aura perdeu a luminosidade nascente, passando a apresentar tons sombrios, principalmente na região cardíaca. Temia que suas mentiras fossem descobertas. Tudo estaria perdido, então. Justo agora que já "colocara um pé dentro da casa dos Oreppi" e já se prenunciava ser possível "colocar também a mão no dinheiro deles". Tinha a sensação de perigo se aproximando, quais trovoadas e ventos fortes que anunciam chuvas e tempestades.

Gino captou a mudança brusca da jovem.

– Se não quiser, não precisa ir – amparou-a atencioso.

Karen estava com o cérebro maquinando todos os possíveis desdobramentos de uma ida ao Hospital e ser colocada frente à frente com Vito, estando Gino com ela.

"Será que ele vai me desmascarar?", pensava aflita. "O que será de mim? Gino não me perdoará. Mas também não posso recuar, agora é tudo ou nada!"

Despediram-se de dona Pérola e foi com desmedido orgulho que a jovem pobre vislumbrou inveja nos vizinhos, quando entrou no luxuoso carro, em companhia de tão distinto cavalheiro.

No trajeto da sua casa até o Hospital, Karen não disse palavra. Ia o tempo todo raciocinando mil possíveis ocorrências. Em novecentas e noventa e nove delas, via-se irremediavelmente perdida. Vito, mesmo não podendo falar, "diria" com os olhos que ela era uma embusteira. Não teria perdão.

Gino respeitou o que considerou ser "um grande constrangimento". Trazia o peito oprimido, também imerso em profundas reflexões, "Karen é uma criatura forte. Não sei se outra mulher, estando no lugar dela, teria coragem para fazer o que ela está fazendo. Como reagirá Vito quando vê-la chegar junto comigo? Será que é justo acrescentar-lhe mais esse sofrimento?"

– Pensei melhor e considero – disse Gino a Karen, quando chegaram à porta do Hospital – que talvez não seja caridoso nós dois chegarmos juntos à presença do meu irmão.

– Nunca! – rebateu com firmeza Karen, calculando que recuar agora colocava em risco seu plano, implodindo-o. – Quero mesmo que Vito nos veja, ao mesmo tempo. Ao invés de prejudicá-lo, isso será até bom, pois ele verá que você está de acordo com a ajuda que me pediu, referente a Aurélia e os dois filhinhos que tem com ela.

Aquela era a mesma Karen do passado, que eu tão bem conhecia, voluntariosa, reflexos mentais rapidíssimos, jogadora que arrisca tudo num único lance.

Na recepção, receberam instruções para aguardar. Logo o doutor Marcos veio ter com eles e conduziu-os a Vito. O médico, vendo Karen e Gino juntos, desfez quaisquer dúvidas, realmente, aquela moça era parte integrante do drama no qual a família Oreppi se debatia.

Devidamente equipados para transitar na área de infectologia, Gino e Karen acercaram-se do leito de Vito.

Karen, por pouco, não desmaiou. Várias testemunhas invisíveis, eu inclusive, também estávamos chocados com o que víamos.

É muito triste ter que informar o estado de Vito. Usar a palavra lastimável não seria suficiente. Pois Vito, penoso é dizê-lo, estava apodrecendo em vida. Mesmo os mais potentes anti-sépticos não conseguiam abafar ou disfarçar o cheiro insuportável que se desprendia do seu corpo.

Como tantos poderosos, de todos os tempos, Vito era uma eloqüente vítima da surdez moral à advertência de Jesus, "o que aproveitará o homem se ganhar o mundo inteiro e perder sua alma?"*

Gino, com grande esforço, manteve algum equilíbrio, físico e mental.

Vito trazia os olhos vidrados.

– Sinto muito – informou Marcos piedosamente. – É provável que ele nos deixe em menos de quarenta e oito horas.

Não havia a menor possibilidade de diálogo entre os irmãos.

– Doutor – balbuciou Gino –, preciso falar com ele, nem que seja por um minuto.

– Nessa fase terminal – esclareceu Marcos –, suspender os sedati-

*Mateus - 16:26 - Nota da Editora.

vos será uma crueldade, pois as dores serão insuportáveis.

Gino colocou a destra na fronte do irmão e entre pesadas lágrimas elevou seu pensamento até Jesus:

- Mestre Jesus, Médico das almas, busco o Senhor com o espírito em prantos, para pedir-Lhe que uma bênção especial envolva meu irmão. Deixe, Mestre, ele falar um pouquinho comigo, antes de retornar à pátria espiritual. Quero dizer-lhe que o amo, sempre amei e sempre amarei. Assim, ele ficará um pouco mais fortalecido para enfrentar as pesadas dificuldades que o aguardam. Só isso quero falar, se Deus permitir.

Karen não suportou o clima pungente. Pela primeira vez na vida, não pensou nem sentiu nada, a não ser compaixão, uma profunda piedade.

Marcos, também sensibilizado, trazia seus pensamentos aureolados por sentimentos cristãos.

Nesse preciso momento, Letes, os Espíritos que não deixavam Karen, e eu, ficamos extasiados com o que vimos. Um círculo de luz intensa atravessou o teto, passou pela mão de Gino e envolveu a cabeça de Vito.

O círculo luminoso girava em pequena velocidade, sob um eixo imaginário. Aos poucos ficou colorido, tomando diferentes tonalidades e aumentando a velocidade do movimento giratório. Embora estivesse na cabeça de Vito, as luzes coloridas percorriam todo o seu corpo. Mesmo sob poderosos sedativos, movimentou os olhos.

Marcos julgou-se diante de um milagre. Conhecendo a dose de sedante a que Vito estava submetido, sabia que aquela reação não era possível. Não era possível mas era real!

Sem tirar a mão da fronte do irmão, Gino disse-lhe:

– Vito, meu Vito, louvado seja Nosso Senhor Jesus Cristo. Eu te amo, meu irmão!

O paciente piscou três vezes.

– Três vezes é sim; uma vez é não... – esclareceu Marcos estupefato mas solícito.

– Não quero cansá-lo – prosseguiu Gino –, mas é preciso que você fique sabendo que estamos cuidando de tudo e de todos.

Vito cerrou vagarosamente as pálpebras, demonstrando que tinha entendido e que isso o tranqüilizava.

– Você quer falar alguma coisa?

Três piscadas.

– Sobre a Usina?

Uma piscada.

– Sobre papai e mamãe ?

Três piscadas. E uma lágrima boiando em cada olho.

– Penso que imagino o que é, você os ama ...

Vito confirmou. Gino continuou:

– ... e quer pedir perdão a eles ...

Nova confirmação. Gino seguiu:

– Mais alguma coisa? Sobre Marlene ?

Uma piscada.

– Sobre seus filhos?

Vito fechou os olhos e não os abriu. Gino tentou decifrar o gesto.

Karen, achegando-se, sem qualquer sentimento de repulsa colocou a mão na face de Vito e olhando-o fixamente, disse para Gino:

– Fale sobre Aurélia e os dois filhinhos.

Vito abriu os olhos, fitando Karen demoradamente. Depois, piscou três vezes.

– Karen – prosseguiu Gino –, sua conhecida, aqui ao meu lado, é uma boa moça. Ela me disse que você pediu-lhe para cuidar de Aurélia e dos seus filhinhos e também para eu ajudá-la nessa tarefa.

Vito piscou repetidamente, mais do que três vezes.

– Aurélia está muito doente em estado grave – Gino, nesse ponto, não perguntou, simplesmente informou – talvez não se cure, Karen é pobre e sozinha não poderia ajudá-la, ainda mais que ajuda também à família. Já que esse é o seu gosto, vou cuidar para que Karen assista Aurélia e os filhos.

Vito confirmou.

Piscar significativamente por três vezes foi um dos últimos esforços físicos conscientes que aquele corpo arrebentado conseguiria realizar. Suas lágrimas, porém, como que vindas da alma, molharam as mãos de Gino e de Karen, cujo contato não fora interrompido.

Gino sentiu que não poderia prosseguir, pois Vito dava sinais de desfalecimento. Reunindo forças, disse ao irmão, como despedida:

– Não sou ninguém para comentar sobre sua vida, principalmente com Aurélia e com Karen. Quero que você fique sabendo que vou ajudar às duas e às crianças.

Três leves movimentos dos olhos cerrados confirmaram a Gino que o irmão o ouvira e aprovara.

– Se você não se importar – completou leal –, eu e Karen uniremos nossos destinos.

Vito não pôde mais piscar. Entrou em coma profundo.

– Obrigado, Amigo Jesus! – disse Gino elevando o olhar.

Retiraram-se. Gino conduziu Karen à residência dela.

– Voltaremos a nos ver, na Usina – declarou Gino ao se despedir. – Por favor, compareça à sede, para ser contratada.

Gino, ao deixar Karen, foi direto para o seu lar.

Ainda sob o peso das fortes emoções vividas, contou aos pais o diagnóstico do doutor Marcos sobre Vito. Adiou as notícias sobre Karen, Aurélia e os filhos dela com Vito. Entre lágrimas, Lízzia e Guerino entenderam que estava próximo o fim de Vito.

Gino retornou à sede da Usina e sua primeira providência foi determinar à gerência de recursos humanos que contratasse Karen, na vaga de auxiliar de assistente social, com exercício na Usina. Poucas horas após ele recebeu um telefonema do doutor Marcos, pedindo sua presença no Hospital. No mesmo instante atendeu. Julgou que talvez Vito estivesse expirando.

Ao chegar, Marcos tranqüilizou-o:

– Seu irmão está no mesmo quadro que vimos de manhã. Chamei-o aqui para conversarmos sobre providências inadiáveis. Considero indispensável que você saiba que aquela jovem, Karen, declarou ter mantido relacionamento sexual com seu irmão, fato que ele não confirmou. Por isso, sugiro que ela seja imediatamente submetida ao correspondente exame.

Tais palavras tiveram o efeito de um torpedo na alma de Gino. Pensou rápido: "como isso não tinha passado pela minha cabeça, antes? Meu Deus, e se ela também estiver contaminada? E, agora, penso também nos filhos de Aurélia, e se eles também? Marlene, até me esqueci, será que ela...?"

– Marcos, por favor – solicitou aflito –, providencie os exames em Karen e também nas crianças de Vito – nos dois sobrinhos, que ainda não conheço. Penso que, sendo médico, você terá mais facilidade do que eu para conseguir isso.

Gino informou o telefone de Karen e em que hospital Aurélia estava internada para dizer do paradeiro dos filhos. Aduziu, mal podendo disfarçar o desconforto de tantos temores que o assaltavam:

– Tentarei convencer Marlene, a esposa de Vito, a ser examinada.

– Farei isso com todo prazer – concordou Marcos. – Aliás, como obrigação. Ia falar sobre essas outras pessoas, mas vejo que você também já pensou nelas.Outra coisa, Gino, por favor, não considere que estou sendo intrometido, quanto a Karen, mas considero que talvez ela esteja correndo sério risco. Se estiver contaminada, será prudente combater a doença antes dela se espalhar pelo organismo. Além do mais, sendo seu amigo, sinto-me duplamente responsável pela saúde de Karen, a quem percebi que você quer bem ...

Gino comoveu-se. Abraçou Marcos com afeto. O médico franziu a testa.

– Desculpe-me, Gino – falou Marcos –, porém há algo mais grave e muito mais urgente.

– Pelo amor de Deus, Marcos, o que é?

Mesmo estando num ambiente reservado, Marcos abaixou a voz.

– Seus pais, há pouco, procuraram o diretor-geral deste hospital, doutor Rubens, e solicitaram que os sofrimentos de Vito sejam interrompidos imediatamente

– Jesus Cristo! Não é possível!

– É sim, Gino. Quando liguei para você eles tinham acabado de sair daqui. Lamento ter que informar, também, que nossa diretoria nem ficará sabendo disso, pois o doutor Rubens me contou o pedido dos seus pais, solicitando minha colaboração para atendê-los, exigindo-me sigilo total.

– E o que você vai fazer?

– Estou preocupado com tudo isso. Não é do meu feitio acovardar. Provocar a morte de um paciente, desenganado e com terríveis dores, mesmo que dentro de uma ótica piedosa, para mim não passa de covardia. Não consigo entender como o doutor Rubens, que tanto admiro pela competência médica, aceite a eutanásia. Doenças foram feitas para serem combatidas – aduziu sereno – pela Medicina. E considero que a Medicina terrena é uma grande bênção de Deus para toda a Humanidade. Se a Medicina fugir das doenças, abandonando tal combate, quem neste mundo a substituirá? O que pensar de tantos e tantos benfeitores que sacrificaram suas vidas em pesquisas – concluiu filosofando –, buscando a cura de tantas e tantas moléstias? A que estariam reduzidos os profissionais da Medicina que aceitassem a incumbência de tirar a vida de um paciente, mesmo em estado terminal? Independentemente do nosso juramento de lutar até o último instante para salvar vidas, que direito nos assistiria para antecipar o túmulo a um filho de Deus?

Gino sentiu grande conforto. Não se enganara a respeito de Marcos. Era ele um profissional digno e, mais que isso, um amigo seu.

Gino e Marcos não podiam nos ver, a mim e a Letes. Por sugestão de Florêncio, tínhamos acompanhado Gino ao hospital. Pudemos sentir que aqueles dois homens deixavam entrever de suas auras uma agradável irradiação.

– O que podemos fazer? – perguntou Gino.

– Se for obrigado a esse ato, que considero imperdoável, antes me demitirei deste hospital, e talvez da própria Medicina!

Prático, Gino propôs uma estratégia, dentro de uma hora, mais ou menos, manteria plantão permanente junto ao irmão, impedindo a quem quer que fosse fazer algo com ele.

E assim foi feito. Gino retornou ao escritório central da Usina, reuniu os diretores presentes e com eles despachou todos os casos pendentes. A seguir, informou à secretária, Rita, que, se necessário, o procurasse no hospital, onde ficaria por tempo indeterminado, assistindo ao irmão.

Há muito Rita admirava o senhor Gino Oreppi, "tão diferente do seu chefe, embora do mesmo sangue".

– Senhor Gino – ofertou percebendo a preocupação do novo chefe – sei que o senhor talvez não precise de mim, mas gostaria de ajudá-lo. Conte comigo, para qualquer providência.

– Muito obrigado, Rita – agradecido pelo inesperado apoio, Gino respondeu: – Não me esquecerei da sua generosidade, nessa fase difícil para minha família e para a família de Vito. Estando ausente daqui, ficarei tranqüilo sabendo-a atenta ao serviço na Usina e mantendo-me informado dos principais acontecimentos.

– Se precisar, é só dizer – confirmou Rita alegre por ter sido aceita.

Saindo dali Gino retornou ao hospital e procurou o doutor Rubens.

– Doutor Rubens – foi conciso assim que foi atendido –, penso que meu irmão tem pouco tempo de vida...

– É isso mesmo – interrompeu Dr. Rubens. – Lamento muito, doutor Gino – continuou falando mansamente, conselheiral, tentando ajudar. – Fique à vontade. Seus pais já conversaram a respeito.

– Como estava dizendo – Gino foi incisivo –, ante a gravidade do estado do meu irmão, decidi ficar com ele até o fim.

Surpreso e um tanto desentendido, Rubens explorou:

– Pelo que estou entendendo, o senhor quer...

– Quero ficar com ele até Deus convocá-lo para retornar à pátria dos espíritos. – Olhando fixo no diretor, arrematou – Sempre fomos muito amigos, eu e Vito. Minha presença dará a ele algum conforto e a certeza de que não foi abandonado. Dentre tantas infelicidades que a AIDS provoca, a pior é a solidão dos últimos momentos, penso que o senhor, melhor do que ninguém, compreende o que quero dizer, principalmente sobre o apoio moral devido aos moribundos – completou contundente.

– Sim, sim – respondeu Rubens, confuso, pensando: "Os pais solicitaram alívio imediato e definitivo para o filho, penso que pode ser feito com a maior facilidade, dadas as circunstâncias; e, agora, vem o irmão, sucessor total nos negócios da família e decide justamente o contrário".

O médico ponderou que melhor seria ficar com o senhor Gino, pois qualquer coisa que fosse feita agora, para atender aos pais, poderia trazer sérias complicações perante a lei. Além do mais, Vito não demoraria mesmo a morrer.

– Peço ao senhor que cuide pessoalmente para que nada falte a Vito

– solicitou Gino. – Sei que ele está sendo muito bem tratado aqui e quero que continue assim. Inclusive, a partir de agora, ele não ficará nem mais um minuto sem mim ou algum conhecido íntimo. De acordo? – arrematou ordenando.

– Sim, sim – voltou a balbuciar Rubens.

Dali mesmo Gino foi ter com o irmão. Eu e Letes o seguimos. Não havia nenhuma entidade infeliz no apartamento. Logo percebi o motivo, Florêncio, que velava, cumprimentou-nos fraternal.

Gino, acercando-se do irmão, trazia no peito a alegria dos justos, quando procedem de acordo com os ditames da consciência emoldurada pela moral cristã.

De avental, luvas, touca e máscara, aproximou-se do leito. Colocou as mãos sobre a cabeça de Vito e aplicou-lhe um passe.

Sua simples presença modificou o triste ambiente material, as enfermeiras que amiúde vinham inspecionar o paciente e toda a aparelhagem a ele ligada sentiram um grande conforto vendo aquele jovem junto ao irmão, em oração.

Observei um fenômeno interessante, invisível aos encarnados, Vito-Espírito, vagando distante dali, caindo e levantando, qual um bêbado, unido ao corpo por um enevoado cordão fluídico, foi atraído para perto daquele equipamento malcheiroso e altamente deficitário. Florêncio ajudara-o nesse retorno, transmitindo-lhe suas energias fluídicas, acopladas às energias magnéticas que colhera de Gino, no passe. O fato é que Vito saiu do torpor espiritual, embora seu organismo permanecesse letárgico. Alterado e trazendo na expressão as marcas profundas do desespero e da dor, viu-nos, Florêncio, Letes e eu. Atirou-se aos pés de Florêncio.

– Sangiorgio, meu filho – em prantos, implorou atormentado. – Ajude-me, pelo amor de Deus! Estou morrendo, ou nem sei se já estou morto, não agüento tanta dor, por piedade, ajude-me...

Conhecendo que Vito estava fixado na existência anterior, na qual fora seu pai, Florêncio respondeu:

– Pai querido, tenha fé em Deus, que é o nosso Pai e sempre quer o melhor para nós todos. A dor nos mostra quando nos afastamos d'Ele, cometendo maus atos, tendo comportamento equivocado.

Vito, na personalidade do poderoso magnata italiano Ezzio Oreppi, captou alguma coisa:

– Estou arrependido, mil vezes arrependido. Não sei o que fazer, chame um padre, dê bastante dinheiro para a Igreja, mande eles me ajudarem... – Entrando em pânico, ao olhar para seu corpo, descontrolou-se: – Socorro, estou podre, estou morto, não quero morrer...

Florêncio acalmou-o impondo as mãos sobre sua cabeça. Vito-Espírito adentrou com dificuldade o corpo que ele próprio levara à ruína. Subitamente, com leves contrações físicas, abriu os olhos e viu Gino segurando um livro, com a outra mão pousada no seu peito. O toque daquela abençoada mão confortava-o, acalmando-o. Viu o título do livro, cuja capa estava voltada para ele, *O Evangelho Segundo o Espiritismo*.

Gino percebeu que o irmão despertara, mas prosseguiu na leitura, pois um segundo antes abrira o livro, aleatoriamente, passando a ler em tom brando uma lição do capítulo V – "Bem-aventurados os Aflitos".

Florêncio acariciava Vito, mantendo-o desperto. Mesmo na grande perturbação que mergulhara, Vito apreendeu algo da mensagem evangélica, o suicídio, longe de resolver problemas, agrava-os.

Surpreso e feliz, Gino viu o irmão com os olhos abertos.

– Vito – disse-lhe intuido por Florêncio –, nunca é tarde para consertarmos os estragos morais que todos fazemos, prejudicando a nós mesmos e aos outros. Deus é Pai de Bondade e de Amor. Jesus, nosso Mestre, ensinou-nos a perdoar, ficando claro que o perdão é divino. A melhor maneira de corrigir um mal é produzir um bem.

Auxiliado mentalmente por Florêncio, Vito conseguiu conduzir seu pensamento, de forma a unir os ensinamentos evangélicos que acabara de ouvir à triste experiência provocada pela tentativa de suicídio.

Pensou nos erros que cometera, pouca ou nenhuma caridade; esbanjara dinheiro, sempre; não tinha sido um bom filho, nem um bom marido e nem um bom pai; suas ligações promíscuas com mulheres tinham causado sua ruína física, além de contaminar Aurélia, a quem devotava seu afeto, seu carinho, talvez seu amor. Nesse retrospecto, lágrimas sentidas molharam o rosto do paciente, testemunhando que sentimentos sinceros andam, quase sempre, de parceria com elas.

Ali, vendo Vito chorar, sabendo que suas lágrimas atestavam o nascimento do bendito sentimento do remorso - ante-sala da renovação moral -, como não chorar também?

Florêncio olhou-me paternal. Depois dirigiu olhar semelhante para Letes, pois ele também chorava.

Vito, entre tantas auto-recriminações, todas salutares, teve um pensamento positivo sobre si mesmo, "só fui um bom irmão, pois sempre amei Gino".

Teria Gino captado tal pensamento?

Certamente, já que no mesmo instante acariciou as faces de Vito surpreendendo a todos nós, assistentes, encarnados e desencarnados, soltou a máscara e beijou o rosto do irmão, cheio de feridas.

– Meu irmão – disse –, meu melhor amigo, eu te amo!

Uma anestesia não teria feito melhor efeito, Vito adormeceu tranqüilo, pela primeira vez depois de muitas noites, experimentando alguma paz.

Florêncio pediu-me que permanecesse, retirando-se com Letes.

Já havia estrelas no céu quando Rita veio visitar o senhor Vito. Comprovando ser secretária do senhor Oreppi, foi admitida e equipada com a indumentária requerida.

Trazia candente remorso por ter prestado informações íntimas sobre o patrão, passando-as para Karen. Gritava sua consciência que era urgente amenizar tal erro. Penitenciando-se, decidira ajudar, de alguma forma.

Sendo conduzida à suíte do senhor Oreppi, sentiu-se muito mal quando se aproximou. O cheiro, mesmo com a porta fechada, era terrível.

Quando adentrou, quase deu um grito de espanto. Viu o senhor Vito, desfigurado, todo ligado a aparelhos médicos, tendo o senhor Gino ao lado, acariciando-lhe a cabeça semi-enfaixada por causa do curativo no grave ferimento. Rita lembrou-se de como o patrão era vaidoso de sua vasta cabeleira, agora reduzida a poucos fios. Teve ímpeto de retornar, de correr de volta para a rua. Sobrepondo-se porém ao impulso de fuga, o intuito sincero de colaborar fez com que ela se refizesse rápido e ficasse. Surpreendeu o senhor Gino ao colocar a mão no seu ombro e afirmar com serenidade e energia:

– Vim para ficar durante a noite. O senhor pode ir para sua casa. Já avisei meus pais e considero importante que o senhor descanse, pois pelo menos por algumas horas talvez tenha que permanecer amanhã na Usina, onde estão acumulados vários problemas, aguardando sua decisão. Fique tranqüilo. Havendo necessidade, chamarei o senhor imediatamente.

Gino comoveu-se. Com admiração e concordância, tomou as mãos daquela moça, sobre cuja vida pouco sabia.

– Deus lhe pague, Rita – disse-lhe. – Vou para casa, pois preciso mesmo muito conversar ainda hoje com meus pais.

– Por favor – recomendou antes de se retirar –, fique o tempo todo com Vito e verifique sempre o que fazem com ele. Questione tudo. Esteja muito atenta, pois durante a noite será prudente redobrar os cuidados. Por favor, se julgar necessário, impeça qualquer procedimento anormal, chamando-me em seguida.

Até então, estive com Rita, transmitindo-lhe quadros de ajuda a Vito. A jovem registrou intimamente minha sugestão e mesmo sem entender o rigor da recomendação do seu novo chefe acatou ambas.

Gino fez um último pedido, antes de se retirar:

– Fique com esse exemplar de *O Evangelho Segundo o Espiritismo* e por favor leia algumas lições, em voz baixinha. Mesmo que aparentemente ele não esteja ouvindo, estou certo de que, em espírito, a mensagem produzirá bons efeitos, confortando-o.

Ao pegar o livro, um dos dedos de Rita já o entreabriu, no Cap. V, nº 28, na mensagem espiritual de São Luis, transmitida em Paris, 1860, contendo vigoroso alerta contra a eutanásia. Rita, presente, era aval de defesa suficiente para Vito, contra agressores invisíveis.

Os Espíritos que sempre acompanhavam Karen estavam pelas proximidades. Fui ter com eles. Com alguma dificuldade, consegui convencê-los a ajudar Rita, sendo-lhe companhia.

– Pelo bom irmão desse doente pecador nós vamos ficar de guarda por aqui – responderam.

Agradeci o apoio e pela primeira vez abracei um por um. Estávamos todos comovidos. Culminando o bom momento, surpreendeu-nos um fato singular que aconteceu a seguir.

De minha parte, mesmo sabendo como Deus é bom – infinitamente bom –, maravilho-me com lances considerados "casuais". A mesma coisa sentiram os demais Espíritos que estavam ali. Pois, não fazia nem dois minutos que Gino tinha nos deixado, o doutor Rubens entrou na suíte, de mansinho. Rita, de costas, sentada na cama e lendo o Evangelho, na página que seu dedo entreabrira, não percebeu a entrada do diretor-geral do Hospital, que vinha supervisionar como estava o paciente.

Rita murmurava algo. Rubens cauteloso e silenciosamente aproximou-se. Vito não dava mostras de estar desperto.

Procurando ouvir o que dizia a moça, Rubens ouviu o que ela estava lendo: "...quem, pois, vos daria o direito de prejulgar os desígnios de Deus? Não pode ele conduzir um homem à borda do fosso para daí o retirar, a fim de fazê-lo retornar a si mesmo e de o conduzir a outros pensamentos? Em qualquer extremo que esteja um moribundo, ninguém pode dizer com certeza que sua última hora chegou. A ciência jamais se enganou em suas previsões"?

Rubens empalideceu. Até parece que estava sendo submetido a um veemente libelo condenatório.

Rita, sem detectar sua presença, prosseguia: "...sei muito bem que há casos aos quais..."

O médico estava sem fala. O que ouvira implodiu em sua alma o mito da eutanásia, terrível segredo que o trouxera até ali, indeciso, entre as "ordens conflitantes dos familiares"; se ainda pensava ser justo executá-la em benefício de pacientes em estado terminal, inverteu o conceito.

"Até parece que o Céu se abriu para me condenar – pensou –, pois como justamente quando entrei esta jovem estava lendo essas coisas...?"

Percebi como se processara a "coincidência", Florêncio, que

retornara, tinha induzido Rubens a ir naquele instante até ali. E não há-de ter sido por acaso que Rita ao abrir o Evangelho a lição versasse justamente sobre a chamada "morte piedosa", que melhor seria chamar-se "morte antes da hora".

Florêncio olhou-me significativamente, aprovando meu pensamento.

Após uma pequena pausa, Rita concluiu a leitura: "...ó materialista, que não vê senão o corpo..., abrandai os últimos sofrimentos quanto esteja em vós; mas guardai-vos de abreviar a vida, não fosse senão de um minuto, porque esse minuto pode poupar muitas lágrimas no futuro".

Rubens retirou-se. Vivesse cem anos, jamais executaria eutanásia. Já realizara tantas. Após todas elas, seu senso profissional conferia-lhe o sentimento de haver cumprido um piedoso dever. Recriminava-se, intimamente, "penso que estava louco, em querer competir com Deus".

Na alma daquele médico, a lição evangélica reverberara qual trovão, despertando-lhe a consciência, adormecida pelos falsos conceitos mundanos, tão mais perigosos quando travestidos de falsas premissas.

Telefonou para Marcos e contou-lhe o que tinha acontecido. Pediu-lhe ignorar o diálogo referente ao senhor Oreppi, pois mudara de conceito quanto a abreviar a morte de pacientes terminais.

– Já pedi perdão a Deus – disse sincero e leal - pelas inúmeras vezes que O desrespeitei; agora peço a você me perdoar tê-lo envolvido na minha loucura.

Marcos foi ao Hospital abraçá-lo, enlevado diante da grandeza de alma demonstrada por Rubens, passando a admirá-lo mais, já que, como profissional, o considerava um dos melhores, na área médica a que se dedicava.

Rita nem ficou sabendo que Rubens ali estivera.

Após mais alguns instantes, senti impulso de ir até a casa dos Oreppi, acompanhar Gino.

Quando Gino chegou eu já o esperava.

Após tomar banho e jantar, reuniu os pais e disse-lhes :

– Estive com Vito até há pouco e sei que ele não tardará a nos deixar. Seu estado é desesperador.

– É bom nós conversarmos, meu filho – atalhou Guerino. – Eu e sua mãe, com o coração machucado e em prantos, tomamos uma decisão muito difícil relativa ao nosso Vito.

– Imagino qual seja, papai – adiantou-se Gino. – Conheço seu coração e o de mamãe; por isso estou certo que vocês querem o bem de Vito.

Dona Lízzia abraçou o filho, chorando e dizendo:

– Só Deus sabe o quanto este velho coração de mãe tem chorado.

Minha dor não tem limites. Prefiro perder meu filho do que vê-lo sofrendo tanto. Por amor é que desejo a morte dele ...

Não conseguiu prosseguir. O pranto sufocou-a.

Guerino chorava também, copiosamente.

Gino, buscando forças, fixou o pensamento na meiga figura do Mestre Nazareno e orou, intimamente:

" Jesus amado, preciso mostrar a papai e mamãe o equívoco deles. Vito errou e agora só Deus, nosso Pai, decidirá quando ele retornará à vida espiritual. Meus pais são bons e amam Vito. Tenho que lhes mostrar como é contrário às Leis de Deus abreviar esse retorno. Ajude-me, Sublime Pastor!"

Vendo Gino orar e também ser envolvido por luzes, passando a iluminar espiritualmente a sala, emocionei-me bastante e juntei minha prece à dele.

Gino de forma carinhosa beijou a mãe, que mais confortada parou de chorar, apenas soluçando de vez em quando. Passou a mão sobre a enrugada fronte do pai.

– Sei que vocês não são espíritas – disse-lhes –, mas sei também que são cristãos. E a principal lição do Evangelho de Jesus é o Amor. Para que o Amor esteja entre nós, criaturas ainda cheias de limites morais, é fundamental o exercício constante da paciência, que gera tolerância, que traz o perdão. Quando erramos sempre esperamos que os outros compreendam e não nos devolvam os prejuízos que lhes causamos com nossos erros. Quando alguém está diante de um erro humano, não tenha dúvida que por trás está também alguém doente. E aqui me refiro ao espírito, que é eterno, e não ao corpo, sua vestimenta em cada vida terrena.

Guerino e Lízzia sempre admiraram a sabedoria do filho mais novo. Nunca, porém, tinham entendido como é que ele podia ser espírita.

Pareceu-me que naquele preciso momento começaram a encontrar a resposta.

– Todas, ou quase todas, as pessoas – prosseguiu Gino, muito calmo – são benevolentes com os acidentados, tendo o divino impulso do socorro urgente, ante os terríveis quadros de ferimentos graves. Nesses casos, é o Amor puro que age, condicionando o instinto para o auxílio sem restrições.

A saúde de Vito há algum tempo vinha preocupando seus pais, pois vários sintomas não podiam ser disfarçados. Quando um emagrecimento súbito o atingiu, o quadro patológico desenhou prenúncios terríveis, que os exames confirmaram.

Poucas pessoas no mundo poderão avaliar o sofrimento dos pais de um aidético.

Há, em todo aidético, um estupor espiritual, quando ocorre em suas vidas a inversão abrupta da alegria em tristeza; quando a vida prazerosa se torna num inferno. Perguntam, vinte e quatro horas do dia, como é possível que o sonho dourado se transforme num pesadelo?

– Mãe e pai – Gino retomou –, se eu fosse acidentado e ficasse impossibilitado de ir para o hospital, vocês teriam a coragem de me sacrificar no local do acidente? Não da forma como se procede com animais que sofrem fraturas irreversíveis, mas talvez disfarçando o golpe fatal?

Dona Lízzia olhou para Guerino, com os olhos dilatados.

– Nunca, nunca! – respondeu, quase gritando.

– Foi o que pensei. Graças a Deus!

Abraçou ternamente os pais e conjecturou :

– Sempre poderá aparecer alguém para ajudar, ou mesmo acontecer alguma coisa inesperada, um milagre, talvez.

– Isso mesmo, meu filho. Nossa Senhora Aparecida já salvou crianças se afogando no meio do rio.

– A senhora sabe por qual razão?

– Porque não era chegada a hora de ir para Deus.

– Então, mãe e pai, só Deus, nosso Criador, sabe aquela hora, não é mesmo?

– Claro, meu filho! – Guerino respondeu, enfático.

– Deus é nosso Pai e Jesus nosso Irmão – Gino consolidou seu raciocínio. – Está nas Escrituras Sagradas que nenhum pai oferta pedra ao filho que pede pão, nem dará uma cobra àquele que lhe pedir peixe.* Deus dá sempre coisas boas a todos os Seus filhos. Vocês são os melhores pais do mundo. Agradeço a Deus ser seu filho.

Guerino e Lízzia envolveram o filho, comovidíssimos.

Gino, com sinceridade mas também com extrema cautela, tocou no ponto:

– Sei do seu amor por Vito. Tudo o que vocês querem é o bem dele. Agora que uma tragédia o vitimou, mais do que nunca, temos que nos voltar para Deus. Pois Deus é o Pai de Bondade. Pai que ama eternamente todos os Seus filhos. Pai compreensivo que perdoa os nossos erros.

– Como será esse perdão? – questionou respondendo ele mesmo: – Proporcionando-nos infinitas oportunidades de repará-los. – Voltou a perguntar: - Quando começamos a reparar nossos erros? – Respondeu, ainda: - No instante em que o arrependimento encontra aberta a porta do nosso coração.

Elevando o olhar, completou:

* Mateus, 8:9-10 - Nota da Editora.

– Conversei com Vito hoje de manhã e ele me disse que está arrependido.

Lízzia e Guerino ficaram assombrados diante do que ouviram.

– Ele falou? Que estava arrependido? – disse Lízzia.

– Sim, mãe. Só podia falar com os olhos, respondendo sim ou não. Mas pediu para nós o perdoarmos.

– Nós?!

– Pois é – Gino foi bem natural –, o danadinho tem mais dois filhos com outra mulher.

Os pais se assustaram.

– Quando ele deixou Marlene, passou a viver com uma mulher chamada Aurélia – prosseguiu Gino –, criatura simples, que ele considera o verdadeiro amor da sua vida. Uniram-se e dessa união nasceram dois meninos, um de dois anos e o outro de quase um ano.

– Então, temos mais dois netos?

Ao perguntar, os olhos de Guerino estavam iluminados.

– E eu mais dois sobrinhos – completou Gino.

– Onde estão? – perguntou dona Lízzia.

– Aurélia está internada num outro hospital, em fase terminal, com a mesma doença de Vito. Quanto às crianças, pedi ao doutor Marcos para examiná-las.

Gino julgou prudente, no momento, não desviar o diálogo para esse ângulo.

– A duração da vida terrena – retomou o principal – influi decisivamente na vida espiritual. Todas as ações que praticamos são a única bagagem que a alma leva. Por isso é que Deus deixa cada um viver o tempo certo. Não sendo a hora do retorno, ninguém é convocado por Ele. Os que antecipam esse momento, cometem grande equívoco, pois o sofrimento é muitas vezes multiplicado para eles, quando aportarem no mundo dos espíritos. Verão que a vida jamais se interrompe e que morrer não é morrer, mas sim, mudar de plano, ou de mundo. Vito tentou o gesto extremo, pensando que resolveria o problema que o atingiu. Deve ter ficado alucinado quando viu o resultado dos exames médicos e não suportou a vergonha que teria que enfrentar e que traria para nós, por isso imaginou que, morrendo, tudo se resolveria. Mas Deus o protegeu e sei que o seu anjo da guarda, não podendo impedir o tiro, que seria fatal, pelo menos atrapalhou a pontaria. O fato é que o nosso Vito está vivo. Para ele, cada segundo é importante agora. Não devemos pôr a perder essa bênção divina. Cada instante que ele ficar conosco deve ser aproveitado para a transmissão de recursos que irão ajudá-lo quando nos deixar.

– Quais recursos?! – perguntou dona Lízzia.

– O Evangelho, mãe. Falando das lições de Jesus para ele, seu Espírito se fortalecerá e terá forças para o despertar no mundo do qual tantas e tantas vezes saímos e para o qual voltamos.

– Mas ele pode ouvir?

– Seu Espírito ouvirá tudo o que dissermos sobre as coisas de Deus, ensinadas por Jesus.

– Será?

– Não tenho a menor dúvida!

Lízzia olhou para o marido interrogativamente.

– Nada será feito a Vito para abreviar sua morte – Gino aliviou a tensão. – Dei ordens expressas no hospital, a respeito. Ficarei junto a ele o mais possível. Quando não estiver eu, com ele estará sempre alguém de confiança.

Guerino juntou as mãos, fechou os olhos e exclamou:

– Graças a Deus!

Lízzia apertou a mão do marido. Arrependidos e felizes, viam afastada a eutanásia da sua consciência. As palavras de Gino os convenceram.

Percebi Gino agradecendo ao Alto.

Agradeci também a Jesus tanta bondade.

"Eutanásia, eutanásia – pensei – que tremendo engano os homens cometem ao revestir a piedade com o manto da ignorância e da imprudência! Ignorância, por desconhecer suas conseqüências, impeditivas de aproveitamento dos últimos instantes de vida terrena, nos quais, em apenas um segundo, às vezes, o suicida, o doente ou o réprobo vêem escancarada à sua frente a face da verdade, imbuindo-se do entendimento da dor; quando, então, se arrependem do gesto tresloucado ou das más ações que cometeram; imprudência, porque a vida é um presente divino, decorrendo que somente a Deus pertence o direito de ajuizar seu início e término, pelo que, quem interfere, num ou noutro ponto, arvora-se em deus, o que ninguém é, pois só existe Um".

Gino, após orar, teve um pensamento maravilhoso, lembrou-se da parábola do filho pródigo, narrada por Jesus e considerou a hipótese de trazer Vito para casa, para que sua desencarnação, que não tardaria, transcorresse junto àqueles que o amavam. Propôs aos pais a remoção, sendo prontamente decidido que assim seria.

Telefonou imediatamente para Marcos e solicitou que providenciasse a transferência, naquela hora mesma, embora já noite.

Marcos atendeu e duas horas depois Vito retornava ao lar paterno, assegurada a manutenção médica da assistência que necessitava. Uma enfermeira estaria permanentemente à disposição da família, sendo alojada num quarto de hóspedes. Cuidaria da higiene do paciente, da assepsia do ambiente e ministraria os remédios, que não eram poucos.

Rita foi dispensada por Gino, sentindo-se gratificada por ter podido ajudar.

Marcos transmitiu aos familiares instruções precisas dos cuidados que deveriam tomar, para que acidentalmente não se infectassem.

No dia seguinte, Marcos convocou Karen ao hospital e explicou-lhe que seria prudente submeter-se a um exame, para verificar sua saúde. Num primeiro instante Karen revoltou-se, mas logo raciocinou que o exame, cujo resultado sabia que seria negativo, constituiria mais uma prova para robustecer a crença da sua ligação íntima com Vito, inexistente, aliás.

Após a coleta de sangue, Karen pediu a Marcos para ir com ela visitar Vito. Assustou-se ao saber que o paciente não estava mais internado ali.

"Teria morrido esta noite?", pensou aflita.

Marcos tranqüilizou-a, informando que, a pedido da família, Vito tinha ido para casa.

– Então ele está com os pais?

– Sim. Gino e os pais, sabendo que Vito tem pouco tempo de vida, ficarão com ele até o fim.

Karen desarvorou-se. Aquele fato novo vinha de alguma forma, indefinida, mudar todo o panorama que ela desenhara. Por que Gino não lhe informara tão importante decisão? Considerou que Vito, enquanto vivo, seria sua garantia de aproximação de Gino e do dinheiro dos Oreppi. No hospital, tendo livre acesso, podia a qualquer hora aproximar-se de Vito, mas não na casa dos pais dele... Aliás, tinha sido ali, no hospital, que praticamente Gino a pedira em casamento, quando perguntou ao irmão se ele não se importava com a união deles. O que pensariam os pais de Gino quando soubessem que ele pretendia unir sua vida à "terceira" mulher na vida de Vito? Não estariam eles em permanente suspeita de que ela também estivesse contaminada com a AIDS?

Tais pensamentos fizeram com que a visitasse um breve arrependimento de ter ido tão longe no seu plano.

Mas logo expulsou qualquer sentimento mais nobre, raciocinando que no ponto em que estava não havia mais a menor possibilidade de retorno.

Era agora ou nunca!

ÂNCORA DE ISOPOR

Karen estava elucubrando uma forma de se manter próxima de Vito, que ela considerava sua âncora no plano de enriquecer, não permitindo que o barco da sua vida continuasse navegando sem rumo, mantendo-a cativa no mar da pobreza. Sonhava com o oceano da fortuna. Mas, no lar dos Oreppi, que forças teria para manusear os fatos, direcionando as circunstâncias para a prosperidade do seu plano? Sentia-se mais ou menos alijada daquele processo que ela própria criara, uma vez que Gino não lhe participara a remoção de Vito, nem mesmo trocando uma única idéia com ela a respeito.

Todos esses pensamentos eram só seus.

Seus contumazes companheiros invisíveis tinham permanecido junto a Vito, atendendo convite de Letes. Antes, tinham ido para a casa dos Oreppi e foi lá que, após ouvir o diálogo de Gino com os pais, mais sensibilizados ficaram.

Letes, aliás, sem ser nomeado, era agora seu chefe.

Tinham acompanhado a leitura feita por Rita, sobre a eutanásia, cujo entendimento consolidaram e logo após, ao ouvir Gino expor a lógica espírita, usando outras palavras, mas trilhando o mesmo raciocínio do texto evangélico.

Karen, sozinha, isto é, sem a assessoria nefasta que até então cultivara, não tinha a mesma desenvoltura mental. Estava confusa.

Surpreendi-me, interrogando-me, "pois então, você não é o anjo da guarda dela? O que está esperando para ajudá-la"?

Tomei a iniciativa, sugeri mentalmente ao doutor Marcos que, levando Karen, fosse visitar Aurélia. Sabia-a nos últimos instantes, como encarnada, pois Florêncio, de algum ponto indefinido pelos canais do pensamento, me alertara disso, há pouco.

Marcos registrou minha sugestão e anuiu. Convidando-a:

– Karen, Gino solicitou-me examinar os filhos de Aurélia, a outra companheira de Vito. Você não quer me acompanhar?

Fazendo o convite, Marcos atrapalhou-se um pouco ao qualificar Aurélia. Mas estava convicto da necessidade de ela ser amparada e Karen era a pessoa mais indicada para fazê-lo, até porque havia assumido tal compromisso junto a Vito.

Karen aceitou, de pronto.

Junto com Marcos, adentrou o Hospital Municipal e, ao serem conduzidos à enfermaria coletiva onde estavam os pacientes aidéticos, puderam confirmar toda a pungente extensão do drama que advém da Aids. Ali, só havia pacientes considerados terminais, praticamente sem qualquer tipo de assistência oficial, pois poucos enfermeiros aceitavam encargos junto a eles. Não fosse pelo trabalho voluntário de alguns jovens assistentes sociais, inexistiria até mesmo aquele precário atendimento. A higiene a desejar, vários pacientes estavam em meio a seus excrementos, pois o controle funcional das suas necessidades fisiológicas desaparecera, ou estava prejudicado, como acontece na fase terminal da síndrome. Os pacientes que não estavam prostrados traziam indelével olhar de espanto, de medo - de pavor, mesmo.

Médico, Marcos conseguiu dominar-se.

Karen, contudo, fraquejou. Apoiou-se no braço dele que, percebendo, encorajou-a:

– Jesus está conosco e por isso nada deverá nos impedir de ajudar Aurélia.

E, dirigindo-se a uma enfermeira que passou por ali, Marcos indagou por Aurélia.

Anita, a enfermeira, sem demonstrar a mínima consideração, demorou a responder:

– Está por aí, morrendo.

– Não há nenhum atendimento profissional para esses doentes? – indagou o médico, controlando-se.

– Não, não há – respondeu desafiadoramente Anita. – Só voluntários, que agora estão de férias, ficam por aqui junto desses...

Não pôde terminar a frase, pois Marcos indignou-se, reagindo:

– Sou médico infectologista e pretendemos remover a paciente.

– Pois não, doutor – mudou o tratamento, como num passe de mágica. – Por gentileza, acompanhe-me.

Levado a uma salinha contígua à enfermaria, o que se via punha à mostra até onde o ser humano, por vezes, se degrada (ou é degradado, por semelhantes). Três camas, num ambiente escuro, propositadamente escuro, eram ocupadas por três enfermos, confinados, já não mais parecendo gente. Lá estavam despojos putrefatos de três pessoas, provavelmente nascidas saudáveis no primeiro dia que viram o Sol, e que agora tinham mergulhado nas trevas. Só a Misericórdia Divina poderia impedir o ensandecimento de quem quer que fosse ali confinado.

Aurélia era uma daquelas pessoas!

Karen, vendo-a, não conteve uma exclamação de horror. Onde estava aquela doente que vira há alguns dias? Como podia ter chegado àquela horrível situação, com pedaços de carne faltando no rosto?

Marcos adiantou-se e, sem que Anita ou mesmo Karen indicassem quem era Aurélia, dirigiu-se a ela.

Achegou-se à cabeceira, onde insuportável cheiro quase o sufocou. Colocou a mão na testa de Aurélia, que respirava com dificuldade, a longos espaços.

A enfermeira não acreditou que alguém tivesse a coragem de encostar "naquilo", conforme pensava.

Mais espiritualmente que como médico, Marcos percebeu que a mulher estava a pequena distância da fronteira que separa a vida material da espiritual.

Acariciou o rosto de Aurélia e orou em voz alta:

– Divino Amigo, por caridade, rogamos que abrace nossa irmã Aurélia, recebendo-a em Seus braços amorosos. Permita, Senhor, que um dos Seus Mensageiros a acompanhe nesta difícil viagem que ora se inicia para ela. Louvado seja, Jesus amado!

Karen e a enfermeira, absolutamente indiferentes quanto à compaixão quando ali tinham adentrado, choravam agora.

Aurélia, num último gemido, abriu os olhos e não viu Marcos e as duas mulheres, mas, sim, uma luz que se aproximou dela e a envolveu, proporcionando-lhe paz, era seu "anjo da guarda"!

Sua desencarnação foi serena.

A enfermeira, que jamais contara a quem quer que fosse as estranhas visões que tinha sempre que estava ali, viu a luz também. Não teve a menor dificuldade em entender que a luz era resultante da prece feita por Marcos e proveniente do mundo espiritual.

Sendo a primeira vez que assistiu a um daqueles pacientes desencarnar com suavidade, sentiu no íntimo brotar piedade pelos outros, que não tardariam a ir se encontrar com Aurélia.

"Talvez seja bom fazer uma prece toda vez que um deles estiver à beira da morte", pensou.

Homologando as suspeitas que tinham seus parentes de que era médium vidente, tão logo teve esse pensamento viu Letes e me viu também.

Sorrimos para ela. Levou a mão à boca, abafando um grito de espanto. Fizemos um gesto fraternal, acalmando-a.

Ver-nos, para ela, naquele instante teve o efeito de "uma ordem de Deus", para que nunca mais deixasse de orar pelos pacientes a seu cargo.

Aurélia era órfã de pai e mãe e tinha poucos parentes. Gino tomou todas as providências para o féretro. Não teve a menor dificuldade em convencer seus pais a comparecerem ao enterro, realizado com discrição.

Apenas uma tia de Aurélia foi ao enterro, a que estava cuidando provisoriamente das duas crianças dela.

No velório, Gino apresentou Karen a seus pais, informando ser assistente social da Usina, que vinha assistindo Aurélia há algum tempo, "a pedido de Vito".

Desde que iniciara suas atividades na Usina, Karen trabalhava no Ambulatório, por ordem de Gino.

O ambulatório, já então apto a ser usado, aguardava apenas os assistidos, que não tardaram. Sem qualquer cerimônia de inauguração, conforme ordens de Gino, em menos de uma semana a creche já tinha mais de trinta criancinhas.

Também nessa primeira semana dois partos foram realizados ali, precariamente, pela urgência.

Nesse ínterim, Marcos providenciou o exame sangüíneo nos dois orfãozinhos, filhos de Vito e Aurélia.

Gino, mais dedicado ao atendimento a Vito do que aos negócios administrativos do Grupo Oreppi, poucas vezes esteve com Karen.

E, mesmo nessas poucas vezes, de forma superficial.

Marcos visitava diariamente o lar dos Oreppi, examinando o estado de Vito. Para ele, era inexplicável o que fizera aquele paciente ter seu estado mórbido estacionado.

Muitas vezes, Marcos surpreendia Gino ao lado do irmão, lendo, em voz alta trechos de *O Evangelho Segundo o Espiritismo*.

"Só pode ser milagre", pensava.

Comentou com Gino que era admirável o fato de o irmão estar resistindo, só podendo atribuí-lo ao tratamento espiritual que recebia naquele lar. Interessando-se pelo Espiritismo, Gino emprestou-lhe um exemplar de *O Livro dos Espíritos*, explicando que aquele, lançado em 1857 na França, tinha sido o primeiro dos cinco livros básicos da Doutrina Espírita, codificada por Allan Kardec.

Marcos, em dois dias, leu a obra quase toda.

Em visita médica a Vito, confessou a Gino que estava vivamente impressionado com o que conseguira apreender dos fundamentos filosóficos espíritas.

Nessa oportunidade, Gino convidou-o a assistir uma reunião mediúnica no Centro Espírita que presidia. Explicou ao amigo que o convite estava sendo feito sob forte intuição, pois para ser participante daquelas reuniões sempre era norma haver uma preparação doutrinária.

Marcos aceitou, um tanto por curiosidade e outro tanto porque cada vez mais se intrigava com a eficácia do tratamento espiritual dispensado a Vito.

Marcos foi ao Centro Espírita desarmado de quaisquer preconceitos, mas com a mente atenta aos menores detalhes. Testemunhou o desprendimento dos médiuns, possibilitando o amparo de vários Espíritos sofredores.

Gino havia explicado que a reunião mediúnica espírita tem por finalidade esclarecer os Espíritos desencarnados que vagueiam pelo mundo espiritual - desorientados ou com idéias fixas.

Tais Espíritos, invariavelmente em estado de necessidade, são trazidos por decisão de Protetores Celestiais, desde que demonstrem vontade de melhorar ou arrependimento de algum erro. Por vezes, também, são conduzidos Espíritos recalcitrantes, de má índole, insensíveis ante os males que causam a encarnados, aos quais odeiam ou dos quais se tornam vingadores. Em ambos os casos, porém, todas as decisões têm por base a Lei de Justiça - merecimento dos atendidos. Mesmo no segundo caso, nos quais aparentemente não há mérito para o auxílio, são buscados créditos morais ao longo das incontáveis vidas, mesmo nas mais remotas, que todos temos.

Antes da reunião, Gino prestou alguns esclarecimentos a Marcos, informando ao amigo que os médiuns que "emprestam" seu órgãos vocais a esses Espíritos são denominados psicofônicos; já os que os esclarecem são os esclarecedores, também chamados de doutrinadores; os que vêem Espíritos, são videntes; os que ouvem vozes espirituais, são audientes; são chamados psicógrafos aqueles que escrevem as mensagens advindas do Além, de forma consciente ou mecânica.

Explicou ao amigo que tais denominações referiam-se às mediunidades mais comuns, havendo muitas outras.

Marcos louvou intimamente a pontualidade para o início da reunião, bem como, no seguimento, a disciplina das manifestações espirituais, inexistindo histeria, gritos ou gestos violentos.

Nos diálogos entre desencarnados e encarnados, se o tom dos primeiros era de angústia ou revolta, dos segundos era de respeito, tolerância e amizade.

Mas o que mais o impressionou foi a lógica dos esclarecimentos sobre vários aspectos, ratificando o que havia lido em *O Livro dos Espíritos*, conquanto apresentado com outras palavras; continuidade da vida, após a morte; Justiça de Deus, segundo a qual só é sofredor aquele que se afasta do Bem; multiplicidade de vidas terrenas, isto é, reencarnação; valor do perdão das ofensas, ensejando paz ao ofendido; eficácia da prece, não apenas nos momentos difíceis, mas sempre.

Marcos, duvidando de início da autenticidade das comunicações das almas "do outro mundo", levou um grande susto – talvez o maior de toda sua vida –, quando, já no final dos trabalhos, um Espírito, por meio de um médium, chamou-o pelo nome:

– Marcos, quanta alegria em revê-lo.

– ?!

– Quando desencarnei, naquele acidente, estávamos no meio do caminho – continuou o espírito.

Marcos lembrou-se que um colega, grande amigo, Natanael, havia desencarnado antes de se formar médico, num acidente com motocicleta.

– Fui trazido aqui pela Bondade de Jesus – disse o espírito. – Estou sendo preparado, num outro curso, "daqui deste lado", para seguir trabalhando na Medicina também.

Marcos estava algo indeciso.

– Sou Natanael - confirmou o espírito.

– Natanael!

– Sim, Marcos. Agradeço a Deus a felicidade desse reencontro. Não foi por acaso que você está aqui hoje, nem eu. Tenho uma importante pergunta a fazer-lhe, você aceita que eu o acompanhe nos seus trabalhos junto aos doentes?

Marcos estava emocionado. Mas vacilante.

– Acompanhar-me? Como?

– Como simples assistente do seu anjo da guarda, quando concluir o curso que estou fazendo.

Desfazendo de uma vez qualquer dúvida que porventura ainda pairasse em Marcos, sobre a veracidade de sua identidade, Natanael completou:

– Lembro-me que no início do nosso curso havíamos combinado instalar uma clínica pediátrica, quando formados; depois, com a evolução do aprendizado, mudamos de idéia. Lembra-se? Optamos por trabalhar juntos, na área de infectologia. Pois bem, da minha parte está de pé o projeto!

Só Marcos e Natanael sabiam disso.

– Natanael, Natanael – Marcos, em grande emoção, ratificou –, que Jesus te abençoe. Para mim será uma felicidade incomparável tê-lo como orientador, até quando Deus permitir.

– Obrigado, Marcos – brincou. – Se houver um orientador, não serei eu, pois não concluí o curso, de qualquer forma, estaremos juntos nós três.

– Nós três? – perguntou Marcos.

– Sim, você, eu e Jesus – o Orientador divino!

À saída, Gino causou nova surpresa ao amigo médico:

– Marcos, gostaria que você assumisse a direção-geral do ambulatório da Usina, inclusive administrando todos os demais setores assistenciais que ficarão subordinados a ele.

– Não passo de um simples médico e você quer me transformar num executivo, o que eu poderia oferecer em termos de administração? – Marcos ponderou, grato e comovido.

– Tudo! Você não estará sozinho. Terá autonomia para decidir e providenciar o que for necessário. Poderá contratar os auxiliares que precisar, cuja escolha será só sua. Pense bem e me dê a resposta quando decidir.

– Gino, você é muito generoso comigo. Acho que você é que deve pensar um pouco mais, antes de se decidir pelo meu nome para tão importante cargo. Talvez seja prudente ouvir seus pais.

– Já ouvi. Aprovaram na hora a idéia de você ser o responsável pelo ambulatório. Lá, o trabalho será mais de compreensão e tolerância do que propriamente material, pois a clientela a ser assistida, na maioria, é formada de pessoas rudes, pejorativamente chamadas de "bóias-frias".

– Minha área é a infectologia – Marcos disse depois de pensar um pouco.

– Sei disso. Aliás, convidei-o, porque além do atendimento médico no ambulatório, pretendo instalar, em separado, uma casa para atender aidéticos, sejam oriundos das nossas empresas ou, principalmente, deste Centro Espírita. A direção técnica também será sua. Quase todos os dias alguma família nos procura no Centro Espírita, em desespero, por ter algum parente com AIDS e não ter como assisti-lo. O Governo atende aidéticos, na verdade, mas essa tragédia evolui além das instalações existentes nos órgãos oficiais. E o tratamento particular, como sabemos, é caríssimo.

Marcos lembrou-se da visita a Aurélia.

- Deus nos ampare, Gino. Estarei com você nessa tarefa, tão certo como Natanael e Jesus estão conosco neste momento - decidiu ali mesmo.

Abraçaram-se, felizes.

ALICERCES ESPIRITUAIS

Decorrida uma semana, três enfermeiras, sucessivamente, haviam abandonado a assistência a Vito, no lar dos pais, por não resistirem ao estado patológico daquele rico cliente.

Além do mais, mesmo a despeito de sua formação profissional, a AIDS infundia-lhes invencível preconceito.

Acrescida do temor pelo contágio, a doença daquele homem lhes causava profundo asco, seja pelos odores produzidos pelas feridas expostas, seja pela sua própria figura cadavérica.

Gino solicitou a Karen que se incumbisse de providenciar o pagamento do aluguel e de entregar as chaves da casa que Aurélia morava, devendo rescindir eventual contrato de locação. Solicitou também que liquidasse todas as dívidas na farmácia e outras porventura existentes.

Quanto aos dois filhos de Aurélia e Vito, Karen levou à tia deles, por ordem de Gino, significativa quantia financeira, com instruções de que nada deveria faltar-lhes. Informou que periodicamente a tia receberia importâncias adequadas às despesas.

Os obsessores de Karen foram convidados por mim e por Letes a comparecer ao Centro Espírita dirigido por Gino, o "Samaritanos". Algo receosos aceitaram, principalmente porque confirmamos que lá teriam notícias de suas famílias.

Letes, os obsessores de Karen e eu, em caravana, chegamos ao endereço do Centro Espírita, faltando ainda três horas para o início da reunião.

Três Espíritos guardiães, postados à volta do prédio, receberam-nos fraternalmente, autorizando nossa entrada, indicando-nos a sala das reuniões.

Já no interior, feliz surpresa, lá se encontravam vários outros grupos, semelhantes ao nosso. Cada um dos grupos era orientado por, no mínimo, dois Espíritos protetores. Em todos os grupos havia Espíritos necessitados, alguns em macas, prostrados, recebendo passes espirituais. Fomos o último grupo de desencarnados a ser admitido para a reunião daquela noite.

Após cumprimentos discretos, os responsáveis pelos grupos

retornaram às orações. Seguimos-lhes o exemplo.

Faltavam quinze minutos para as vinte horas quando a porta foi fechada pelo dirigente encarnado da reunião, estando presentes todos os médiuns que assiduamente compareciam àquelas reuniões.

Os guardiães espirituais mantinham-se firmes, a postos, evitando balbúrdia que alguns Espíritos desencarnados tentavam promover, nas cercanias.

Pouco antes do início, um Espírito muito amável aproximou-se de nós e convidou o antigo chefe dos obsessores, Cantídio, a dirigir-se para perto de um dos médiuns, Gino. Cantídio, meio ressabiado, anuiu. O protetor ficou entre ambos e, colocando a mão no ombro de cada um, estabeleceu entre eles uma ligação espiritual, proporcionando simbiose mental, à feição de corrente contínua circulante entre dois pólos.

Cantídio recebeu singular carga elétrica, revitalizadora, agradável, proporcionando-lhe a esquecida sensação de paz, de bem-estar.

Gino, concentrado, aguardou disciplinado a vez de se pronunciar, emprestando seus órgãos da fala para o que Cantídio quisesse dizer, ou melhor, precisasse dizer.

Quando tem permissão de "falar", o Espírito necessitado passa para a mente do médium o conteúdo da sua mensagem, positiva ou negativa - no caso, infeliz; o encarnado, se possuidor de educação mediúnica apurada e consciência plena da tarefa, submete a comunicação a indispensável filtro; com isso, aliando respeito e amor à sua tarefa, evitará termos chulos, ofensivos, ou atitudes impróprias.

Outros Espíritos necessitados, de outros grupos, igualmente eram posicionados ao lado de médiuns que mais sintonia fluídica apresentassem para a ajuda.

Quando às vinte horas, pontualmente, a reunião começou, contava com doze encarnados e com aproximadamente cinqüenta desencarnados. Lido um trecho de *O Evangelho Segundo o Espiritismo*, e após, apagada a luz principal, sendo mantidas acesas duas arandelas com fracas lâmpadas azuis, foi proferida prece de abertura.

Oito Espíritos necessitados se manifestaram, pronunciando-se apenas um de cada vez, para o que eram devidamente instruídos pelos responsáveis dos respectivos grupos, todos sob coordenação de um Protetor. Quando chegou a vez de Cantídio, sentindo que de forma inexplicável o que ele pensava Gino reproduzia em voz alta, desabafou, dizendo do seu ódio pelos Oreppi, aliás não apenas seu, mas de vários companheiros que estavam ali ao seu lado.

Cantídio era todo sinceridade.

Lembrando-se vivamente das maldades sofridas, clamou por vingança, crendo vivamente que "quem faz o mal aos outros tem que pagar, e aquele que sofreu tem o direito de descontar".

Foi ouvido com respeito, do começo ao fim do seu desabafo.

Quando concluiu sua vigorosa narração, um dos médiuns esclarecedores dirigiu-se a ele, com educação e afeto. Fez-lhe ver que as dores que alcançam todos os filhos de Deus são colheita de infelizes plantios. Expôs, com simplicidade, a lógica das vidas sucessivas, verdadeiro demonstrativo da Caridade de Deus, que com sábia justiça oferta reiteradas oportunidades de resgate e reconstrução àqueles que tenham cometido erros.

O Espírito encarregado da coordenação, em preces a Jesus, colocou a destra na fronte de Cantídio. Despertaram-se-lhe reminiscências, há muito anestesiadas, relativas a maus procedimentos seus, alguns, similares, e outros mais graves até do que aqueles que agora eram alvo da sua veemente condenação.

Não houve como evitar. Reconhecendo-se muito mais devedor do que credor, Cantídio, aos soluços, liberou as desencontradas emoções há tanto reprimidas no peito num pranto dolorido.

– Meu irmão – aconselhou o doutrinador, sereno –, a Justiça Divina é perfeita e não precisa de auxiliares vingativos para ser feita; não podemos duvidar da Bondade do Pai para conosco, criaturas que mais andamos em erros do que em acertos; certamente o mal que alguém causa representa colheita para a vítima, mas também plantação para ele. Nessas oportunidades, Entidades Angelicais respeitam o livre-arbítrio do maldoso, surdo aos bons conselhos que recebe do seu "anjo da guarda"; por outro lado, dessas más ações resulta invariavelmente a quitação de débitos por parte dos que as sofrem.

Cantídio foi amparado por Letes, que o reconduziu ao grupo, registrando nova condição e grato a Deus.

Seus comparsas estavam pasmos, jamais haviam presenciado o chefe "titubear" daquela forma, ainda mais chorando. Aliás, essa era a segunda vez que viam Cantídio chorar, em pouco tempo. Agindo impulsivamente, acercaram-se dele, piedosos, solidários. Mais fizeram Cantídio chorar.

Para consolidar de vez junto àqueles sofridos irmãos o incomensurável Amor de Jesus, o Espírito diretor disse a todos:

– Ainda hoje vocês serão levados a visitar seus familiares, alguns já reencarnados e outros aguardando retorno à matéria.

Os Espíritos entreolharam-se, incrédulos.

– Nada há a temer. Sugiro que neste momento sagrado digamos ao Mestre Jesus o quanto somos reconhecidos pelo seu Amor.

Dizendo essas palavras abraçou um a um daqueles humildes e sofridos irmãos, beijando-lhes as faces.

O momento e a cena eram de elevada espiritualidade.

Os Espíritos, em gesto espontâneo e simultâneo, ajoelharam-se e beijaram as mãos do Protetor.

Letes e eu estávamos profundamente sensibilizados. Fomos liberados pelo Diretor para retornar aos nossos outros deveres, sendo-nos comunicado que, doravante, Cantídio e seus companheiros estariam sob sua responsabilidade. Despedimo-nos logo de todos e antes de nos retirar nova bênção nos contemplou, particularmente a mim: os ex-obsessores de Karen, trazendo os olhos rasos d'água, pediram-me perdão pelo seu procedimento anterior. Sem poder sequer responder, já que a felicidade me embargava a voz, abracei-os, comovido.

Tinha conseguido novos amigos, para a eternidade!

– Nos cantos mais perdidos desse mundo de Deus – Cantídio ainda nos conseguiu dizer –, quando vocês precisarem de nós, é só chamar!

Os companheiros de Cantídio confirmaram.

Recebemos convocação telepática de Florêncio que solicitou nossa presença no ambulatório da Usina.

Valendo-nos do silêncio e da calma da noite, permanecemos lá por mais ou menos três horas, em oração. Florêncio esclareceu-nos que nossas preces ajudariam a formar alicerce espiritual propício às importantes tarefas socorristas que, no futuro, ali teriam palco.

Disse ainda que Gino vinha há tempos orando naquele ambiente, atraindo para ali fluidos benéficos, trazidos por Espíritos bondosos. Essa imantação positiva permaneceria intrinsecamente nas dependências, transformando-a em local reconfortador.

Lembrei-me que muitas famílias realizam o "Culto do Evangelho no Lar", uma vez por semana, em dia e hora fixos, predispondo suas casas para o amparo espiritual, muitas vezes abrangendo os vizinhos, os familiares e amigos distantes. Considerando as dificuldades dos tempos atuais e que a família, orando reunida pelo menos uma vez por semana, recebe bênçãos divinas, melhor seria que aquelas que pudessem orassem todos os dias.

Não pude impedir um pensamento menos elevado, "não é à toa que se diz que prece e canja não fazem mal a ninguém, pois neste ambulatório muita gente irá se beneficiar das duas coisas".

Florêncio, sem dizer palavra, olhou-me apenas, com um ligeiro sorriso aprovador.

"O MIO BABBINO CARO"

Faltavam ainda quatro horas para a alvorada, quando Florêncio deu por encerrada nossa tarefa no ambulatório, convidando-nos para acompanhá-lo ao lar dos Oreppi.

Chegando, fomos direto aos aposentos onde Vito tinha sido alojado. Vito continuava em total prostração. Ao seu lado, Gino.

Naquele preciso momento, uma suave peça musical, orquestrada apenas, conferia brandura ao ambiente, "O Mio Babbino Caro", da ópera *Gianni Schicchi*, do imortal compositor italiano Giacomo Puccini.

Desde criança Vito e Gino sempre tiveram especial admiração por Puccini, assim como milhares de pessoas no mundo todo. No caso deles, em especial, reverberavam em suas almas não só a língua mas também todo o sentimentalismo da "pátria do bel canto" – a Itália querida – que na reencarnação anterior lhes servira de berço.

O casal Oreppi, em seus aposentos, estava dormindo.

Florêncio atraiu-os, não deixando que o casal de Espíritos despertasse, mantendo-os junto ao leito do filho.

Muito sereno, com isso transmitindo equilíbrio, informou-lhes que em instantes ocorreria a desencarnação de Vito.

Florêncio instou todos nós, desencarnados e encarnados, à oração. Gino assimilou o convite à prece, abriu o Evangelho e leu o texto no ponto da página que seus olhos primeiramente viram, Cap. XXVIII – Coletânea de Preces Espíritas – (Prece nº 58 – Por um agonizante):

"Deus poderoso e misericordioso, eis uma alma...".

Pudessem os encarnados, todos, testemunhas de um desenlace, nesse instante estabelecer com o mundo espiritual os poderosos laços da oração, quanto auxílio prestariam ao moribundo!

Pois foi o que aconteceu a Vito.

Gino manteve o pensamento no Alto, tendo captado que aquela prece era uma mensagem de Espíritos amigos, cuja presença registrava, conquanto não os visse. Deixou o livro à cabeceira e tomou as mãos de Vito. Elevou seu pensamento a Deus e rogou a Jesus que seu irmão fosse recepcionado por Protetores Celestiais.

Uma tênue claridade percorreu todo o esfacelado corpo de Vito, fixando-se na região cerebral.

Três Espíritos adentraram o recinto e após respeitoso cumprimento, acercaram-se de Vito, impondo as mãos na cabeça, na região cardíaca e junto ao abdômen dele.

Eram três especialistas de desencarnação que ali compareciam em resposta às preces.

Uma espécie de vapor, invisível a encarnados, começou a escorrer dos poros de Vito, com dificuldade, o Espírito iniciou a desalojar-se do vaso físico. Algumas partes de Vito-Espírito aderiam e teimavam em se desligar do danificado equipamento orgânico.

Os três especialistas concentraram sua atividade nesses pontos, verdadeiros nós, com o que, um a um, foram desfeitos.

Vito, a despeito de tão sublime assistência, não logrou obter consciência do que se passava. Fixado há muito em terríveis pesadelos, que a própria consciência erigira e repetia incessantemente, foi acometido de inenarrável pavor.

Sentindo-se desgarrar daquelas carnes já apodrecendo, não teve elevação suficiente para compreender a bênção que o alcançava.

Atormentado por cruéis remorsos e aterrorizado pela "certeza" de que era voluntário inquilino do inferno, repassava fatos que vivenciara, ora de luxúria, ora de desmedida ambição por dinheiro. Em seus angustiosos delírios, via dezenas de empregados que maltratara. Os rostos deles – apenas os rostos –, sucessivamente, vinham em sua direção, quais meteoritos errantes, em vertiginosa velocidade. Vito, bruscamente se desviava, com o que suas últimas forças físicas se esvaíram, ante a inútil tentativa de evitar as terríveis colisões.

Aflitos, os pais julgavam que o filho estivesse com terríveis dores físicas. Na verdade, naquele momento, não eram físicas as dores, mas sim, morais.

Por inevitável, o desequilíbrio de Vito atraiu para as proximidades Espíritos infelizes. Muitos, realmente, vítimas dos seus desmandos, ex-empregados, ainda da reencarnação anterior. Outros, desconhecidos. Aqueles, vingativos; esses, com o fito de vampirizar-lhe as últimas energias vitais.

A simples presença de Florêncio os rechaçava.

Letes e eu conseguimos acalmar os que traziam pensamento de vingança, retirando-os após breve diálogo, no qual marcamos com eles um breve encontro.

Porém, os Espíritos que buscavam o moribundo para se locupletarem de seus últimos fluidos vitais não desistiam, mantinham-se à distância, aguardando eventual chance de satisfazerem seus tão sinistros propósitos. Embora seja trágica a comparação, assemelhavam-se a hienas, sempre lúgubres, rondando os despojos de alguma presa abatida.

Por maiores fossem os esforços de Florêncio, coadjuvado pelas preces de Gino, Letes e eu, além dos Espíritos técnicos do desligamento espiritual-físico, Vito não conseguiu desvencilhar-se das tremendas perturbações que ele próprio ideoplasmara.

Quando, decorridas quase três horas, foi completamente retirado da forma carnal, seu perispírito deixava à mostra lesões graves, provocadas pela tentativa de suicídio e pela AIDS.

Florêncio, comovido, abraçou o antigo pai.

A força do amor fez com que Vito-Espírito fosse contemplado com a bênção de um sono providencial.

Os três especialistas julgaram oportuno desatar o último laço fluídico que vinculava ainda o perispírito à carne, em Vito situado justamente na região cerebral.

Sem oferecer resistência ou mesmo inconsciente oposição, por ter adormecido, Vito foi definitivamente desprendido daquele abençoado corpo que ele descuidara, qual pescador que, em alto-mar, corta com violência as cordas que unem os paus de sua jangada.

Florêncio, antes de entregar Vito para os especialistas que o conduziriam a um pronto-socorro espiritual, orou:

"Sublime Pastor, em Suas benditas mãos depositamos nosso irmão Vito. Somos gratos por tanta bondade, por tanto amor, nesta abençoada hora. Suplicamos, oh! Mestre, que ele desperte para as claridades do dever. Graças, meu Jesus!"

Vito foi levado pelos três socorristas.

Despertando simultaneamente, os pais de Gino correram até o quarto de Vito. Sem conseguir explicar como, "sabiam" que Vito tinha desencarnado. Gino e os pais, abraçados, traziam os olhos submersos em candentes lágrimas.

Florêncio esclareceu-nos que, infelizmente, muito tempo decorreria até que Vito recobrasse consciência e poder de decisão. Conquanto todo o amparo que presenciáramos, não se livraria das pesadas culpas que carreara para si próprio, sintonizado na perturbada faixa vibratória mental na qual fixara seus pensamentos e ações, pervagaria pelas sombras e pela dor, até reajustar-se perante a própria consciência.

– Mesmo sendo socorrido, ele perambulará pelas regiões das sombras e da dor?! – inquiri-o, impressionado ante a informação.

Mais impressionado fiquei com a resposta:

– Sim, infelizmente. As Leis de Deus são as mesmas, para todos. Pesadamente ancorado em vibrações destruidoras da paz, Vito não a recuperará até que refaça sua oficina mental, adquirindo novo modo de pensar e de agir; seu perispírito, recolhido à venerável Instituição do nosso plano, será mais um dos milhares que ali jazem, vegetativamente, sob guarda de abnegados missionários, mas o Espírito, desconhecendo por completo tal abrigo à sua vestimenta, vivenciará momentos amargos, em constantes pesadelos, julgando-se inquilino de regiões infernais.

Meditando alguns instantes, prosseguiu:

– A dor não é criação de Deus, mas sim conseqüência de mau emprego do livre-arbítrio; por Bondade do Pai, não é ela permanente, pois mesmo que os sofredores, recalcitrantes, não busquem se redimir, com isso freando e retardando o seu porvir feliz, mecanismos compulsórios os induzirão ao remorso, ante-sala do recomeço.

– Como assim?! – indaguei ainda mais surpreso.

– A maravilhosa engenharia celestial que engendrou nosso corpo físico, para revestir o Espírito, já revestido do perispírito, concede-nos o planeta como escola bendita. Provas terrenas atestarão nosso aprendizado e firmeza, ao passo que expiações resgatarão nossos eventuais equívocos, aqueles que tenham provocado nosso afastamento das Leis Morais. O corpo material, assim, terá preponderante papel na nossa evolução, sendo absolutamente indispensável a sua parcela de atuação. As doenças e a dor ensinam mais do que tudo o valor da saúde, maior bênção terrena individual, fruto colhido pelo bom procedimento - procedimento cristão, por exemplo. Anomalias corporais, inevitáveis e por isso mesmo compulsórias, que notamos em lares pobres e ricos, carreando dor de toda espécie, evidenciam, quase sempre, primeiro, anomalias espirituais. Sanadas estas, desaparecerão aquelas.

Tive, naquele momento, a compreensão exata do porquê de tantos problemas na face da Terra.

Problemas para os quais Florêncio, captando meu pensamento, apresentou a singular solução:

– Repetiremos sempre que o Mal é episódico na esteira da nossa existência, ocupando segmentos – alguns períodos de vida –, mas o Bem sempre nos aguardará. Uma vez ao agasalho dele – do Bem –, fato que depende exclusivamente de nós mesmos, rumaremos para os altos infinitos da evolução. Antes disso, se nos acumpliciamos com atos infelizes, teremos que despir as enganosas molduras às quais nos algemamos, o prazer, a luxúria, a cobiça, a vingança, a inveja, o egoísmo, o orgulho e tantas outras que rodeiam nosso Espírito.

Patenteavam-se ali, diante dos meus olhos, a clareza e a santidade das Leis Divinas, que mantêm, pela Justiça e pela Igualdade, o equilíbrio universal a partir do individual.

Ação e reação, mais uma vez refleti na Sabedoria Divina, ao fazer retornar a cada ser aquilo mesmo que tenha edificado.

Abençoada a Reencarnação – mil vezes abençoada –, mecanismo sublime de evolução espiritual; concedida por Deus a todos os Seus filhos, ofertando, aos dissidentes do Amor, tantas oportunidades de recomeço, quantas necessárias sejam, até que, resgatando todos os seus débitos, evolvam, mantendo-se apenas no Bem.

Sublimes, também, a Bondade e o Amor do Pai, nessa reconstrução do próprio destino; todo o Céu e tudo o que nele se contém permanecem à disposição do réprobo, orientando-o no glorioso retorno ao caminho que um dia o conduzirá à felicidade.

O MAL NÃO PERDOA NEM O MAL

Nos preparativos para os funerais de Vito surgiu um problema capital, Marlene.

Quem a informaria que agora era viúva e qual seria sua reação? Como convocá-la para as cerimônias fúnebres? Se comparecesse ao velório, como se comportaria?

Eram perguntas preocupantes.

Desde a separação não-oficial dela com Vito, os Oreppi haviam-na isolado, sem que nada ela tivesse feito para dar motivo a isso. A causa tinha sido o marido infiel, mas os sogros debitaram-lhe a iniciativa, inaceitável para eles, de formação moral muito conservadora. Por isso, Marlene jamais os procurara, cultivando ressentimentos.

Gino incumbiu-se de procurá-la.

Cedo, ainda, foi à sua casa. Encontrou-a regando o jardim. Quando viu Gino estacionar o veículo, o semblante irradiou júbilo instantâneo. O coração quase não cabia no peito, tamanha era a alegria súbita que nele entrara, à chegada de Gino.

"Gino vem procurar-me, certamente arrependido da sua grosseria, desde que lhe confessei meu amor; finalmente, minhas infelicidades estão no fim" – esses, os pensamentos imediatos de Marlene.

Gino cumprimentou-a. A morte do irmão deixara-o com os olhos vermelhos pelas lágrimas que derramara.

Inda uma vez Marlene pensou equivocadamente :

"Deve ter passado a noite sem dormir, pensando em mim, arrependido pelo que me fez; vem pedir-me desculpas e talvez propor...".

Ofertou seu mais sensual sorriso.

Gino beijou-lhe suavemente as faces e disse:

– Venho em missão difícil, Marlene.

– Não se preocupe. Compreendo seu respeito e seus sentimentos com relação a Vito. Mas ele não merece... E também nem eu nem você temos culpa de nos desejarmos.

– É justamente sobre Vito...

– Ora, Gino, sei que ele está muito doente e agora não seria ético qualquer ação na Justiça, mas, assim que se definir a saúde dele, nós poderemos viver nosso amor.

– Não, não, Marlene, Vito morreu nesta madrugada!

Marlene teve um sobressalto.

"Se Vito tinha morrido, estava livre e Gino não tinha por que recusá-la; mas o que representavam aqueles dois 'não'?"

Retraiu-se.

Olhou Gino tentando penetrar em sua alma e decifrar o que continha sobre ela.

Gino, que só agora conseguiu ser ouvido, foi objetivo:

– Vito desencarnou e vim aqui para participar a você. Pensei que talvez gostaria de ir ao velório e por isso estou colocando-me à sua disposição para levá-la e às crianças.

Marlene quase explodiu, tamanha a revolta e decepção.

– Não vou chorar por aquele crápula. Já foi tarde. Demorou, mas deixou-me livre. E se você pensa que vou ser a viúva tristinha, engana-se. Vou viver minha vida – foi rude e completou – e não pense que estou com a mesma doença dele. Pergunte ao doutor Marcos, que me procurou aconselhando a fazer exames. Exames para quê, Gino? Se entre Vito e eu, há muito tempo, não havia mais nada?

Gino, para conter-se, buscou e encontrou forças na oração, elevando seu pensamento em Jesus.

Difícil crer no que ouvira. Marlene estava completamente mergulhada no ódio e o mais triste de tudo era o enganoso pensamento de que ele a amava, ou, ao menos, a desejava. Como desfazer tal fixação?

Reunindo o equilíbrio possível, explicou:

– Preciso retornar para providenciar o enterro. Vim procurá-la, antes de qualquer providência, pela consideração que tenho e sempre terei por você. Além do mais, este momento não é propício para qualquer julgamento sobre Vito, mas apenas para nossas orações em seu favor. Papai e mamãe certamente apreciariam sua presença e dos netos, para o adeus final a Vito.

Marlene freou a agressividade. Ponderou que não seria prudente atritar-se agora com os Oreppi, pois pretendia tomar posse de tudo o que tinha direito. Se como esposa abandonada tivera limitada sua independência financeira, agora como viúva a Lei a protegeria. E não era pequeno o inventário de bens que herdaria, juntamente com os dois filhos.

– Pode voltar – respondeu, controlando-se –, eu e meus filhos iremos logo mais. Não seria bom nós dois irmos juntos, pois quem sabe eu vou tirar algum pedaço seu? Ou o que poderão dizer os que nos virem no mesmo carro? Certamente isso seria muito prejudicial à sua fama de honesto – completou, irônica.

Gino não respondeu. Absorveu. Silenciou.

Retirando-se, foi para a Usina. Lá, todos já sabiam da morte de Vito. Autorizou aos chefes dispensar os empregados que quisessem ir ao velório. A seguir, foi ter com Karen.

Embora se amassem, haviam combinado não o demonstrar, até que o tempo indicasse qual o melhor momento para tornar público seu amor. E o tempo, como sempre, já abria claridades nesse enevoado horizonte, como aliás abriu e vem abrindo em todos os demais do mundo, em todas as épocas, situações e lugares.

Gino e Karen não sabiam como proceder, a hora era absolutamente imprópria para que trouxessem à luz o que sentiam. Acertaram, para justificar a presença dela no velório, em tempo integral, que ali permaneceria para a eventualidade de assistir a algum empregado da Usina.

Devidamente autorizada por Gino, num memorando redigido às pressas, passou à disposição da família e de eventuais parentes, devendo estar com o veículo e motorista prontos para qualquer emergência.

Naquele ambiente de dor, em vários momentos, Karen aproximou-se do senhor Guerino e de dona Lízzia, consolando-os. Comentavam, ambos, entre si: "Que coincidência, essa moça tão bonita se aproximar da nossa família em duas situações difíceis para nós, não é mesmo? E, mais interessante, Gino parece que gosta dela...".

Karen, aliás, estava sensibilizada pela morte de Vito, que de forma tão inesperada surgira em sua vida e tão tragicamente ora desaparecia dela.

Algo vibrava com desarmonia em sua alma, apontando-lhe a equivocada rota em que voluntária e conscientemente transitava.

Era a voz da consciência, alertando-a!

Sufocando tais preciosos avisos, prosseguiu representando o falso roteiro que criara para seu destino.

Um mês após aconteceu o inevitável, o plano de Karen desmoronou, pois o Bem sempre perdoa e o Mal, jamais.

Aliás, nada mais previsível e certeiro, toda atitude afastada da Lei do Amor desfaz-se cedo ou tarde.

Sempre que alguém comete um ato, certo ou errado, põe em funcionamento engrenagens universais, integralmente ajustadas pelas Leis Divinas. Tais engrenagens funcionam de forma similar, em ação e reação – causa e efeito –, sob supervisão constante de Espíritos Angelicais.

Por solicitação de Florêncio, deixei Karen e dirigi-me à sala da presidência da Usina, na cidade.

Cheguei junto com o doutor José dos Santos, Delegado de Polícia encarregado do inquérito referente a Vito. Admitido na sala da presidência, relatou a Gino as conclusões finais sobre o caso.

– O processo, de ordem da Justiça, foi arquivado ante o falecimento do senhor Vito Grazziano Oreppi e porque não houve qualquer prova ou mesmo suspeita de crime.

Gino agradeceu ao policial a informação e já se preparava para encerrar aquela constrangedora entrevista.

O Delegado, contudo, percebendo o desconforto emocional de Gino, induzindo-o a retirar-se, foi direto a outro ponto:

- Sabe, doutor Gino, no decorrer das averiguações interrogamos muitas pessoas, na esperança de coligir informações que lograssem esclarecer os motivos que teriam levado o senhor Vito àquele ato extremo ...

Fez cautelosa pausa e prosseguiu :

– Felizmente, ficou provado que seu irmão fez o que fez, por desespero, não havendo quaisquer responsáveis, diretos ou indiretos. Porém ... há uma coisa que o senhor precisa saber...

Gino, ante a postura reticente da autoridade, inquiriu incisivo:

– Por favor, diga-me logo o que é.

– É sobre sua funcionária... Karen.

– Karen?! O que ela tem a ver com o caso?

– Nada, com relação ao problema do seu irmão. Mas fomos obrigados a interrogá-la, pois ela foi a última pessoa estranha com a qual o senhor Vito conversou, aqui mesmo nesta sala. Apuramos que tão logo se entrevistou com a senhorita Karen seu irmão retirou-se, demonstrando não estar bem, com efeito, adoecendo, não retornou mais à Usina, sendo que dois dias após fez aquilo...

– Sim. Mas, sobre Karen, o que foi apurado?

– Peço que o senhor me desculpe, mas não posso silenciar, ela é uma embusteira!

– Como assim?! – espantou-se Gino.

– É isso mesmo. Reconstituindo e percorrendo todos os seus passos, a partir da primeira vez que ela veio aqui, apuramos que antes jamais tinha visto ou sequer se aproximado do senhor Vito. Usando seu charme, sua inegável beleza, envolveu o recepcionista e o ascensorista, para descobrir quem mandava nesta empresa, na Usina. Sabendo que era o senhor Vito, veio até esse andar, disposta a entrevistar-se com ele e de alguma forma fasciná-lo, ou melhor, conquistá-lo com sua beleza.

– Não pode ser...

– Lamento. Mas é verdade, enquanto aguardava ser atendida por ele, procurou descobrir algum detalhe de sua vida particular.

– Como poderia?

– Dois representantes comerciais, que também aguardavam ser atendidos pelo senhor Vito, ingenuamente contaram para ela alguma coisa sobre ele. Interroguei-os ao mesmo tempo, um na presença do outro, quando perceberam que foram usados por ela, ficaram indignados e receosos de perder o contato comercial com a Usina...

– Meu Deus...

– Pois é. Além disso, ela enganou também uma funcionária de outra seção, da qual captou mais alguma informação, sempre do senhor Vito. De posse de tais conhecimentos, ousadamente adentrou pela primeira vez esta sala. Foi repelida pelo senhor Vito que, percebendo de pronto o embuste, foi até grosseiro com ela, quase a expulsando de sua presença.

Respirou longamente e prosseguiu:

– Interroguei as três funcionárias – a recepcionista, a secretária e a da outra seção. Ouvindo o que já tínhamos apurado, não tardaram a também deduzir a falsidade da senhorita Karen. Sinto muito, doutor. Tudo começou quando fui à casa da senhorita Karen, sem qualquer suspeita, apenas para cumprir uma formalidade legal e ela tratou-me com indisfarçável soberba. Desconfiei de pronto daquela atitude, pois, se ela nada tivesse a ocultar, não teria motivo algum para destratar-me. Pela experiência policial dos meus dezesseis anos de serviço, aprendi que quase sempre quem reage com agressividade a simples interrogatórios policiais, ou é autoridade ou é culpado de alguma coisa. Como a senhorita não é autoridade... Não tivesse ela me tratado com tanta aspereza, sem nunca ter me visto, não teria aprofundado as averiguações a seu respeito. Se o senhor procurá-la, esteja atento, pois outra constante no mundo do crime ou das contravenções é que, de cada cem culpados, noventa e nove juram que são inocentes. Mas numa coisa os cem são unânimes, sempre acusam a Polícia de alguma arbitrariedade, com isso tentando amenizar o delito... Sinto muito, de verdade. Perdoe-me adentrar sua vida íntima doutor, pois sei que o senhor tem especial consideração por ela. Porém, não poderia omitir-me de relatar-lhe tudo isso. Sei que ela é órfã de pai e até poderia compreender seu desespero pela pobreza, mas considero que ela foi longe demais, agindo desonestamente, com premeditação.

Gino, aturdido, fez uma única pergunta:

– Quando o pai dela morreu?

– Há mais de quinze anos.

Quando o Delegado se retirou, Gino chamou Rita à sua sala, além da recepcionista e a outra funcionária. Confirmou com elas, todas as informações que acabara de ouvir. Tranqüilizou-as, quanto a qualquer prejuízo profissional, pois encerrava ali o caso.

Pediu-lhes silêncio absoluto sobre aquele assunto.

Arrasado, sentiu sua vida colocada no mais difícil trecho da caminhada terrena, estando diante de uma bifurcação, considerar que o que agora sabia sobre Karen não passava de um pesadelo, ou deixá-la e perdê-la.

Orou, como sempre fazia diante de problemas. Pediu ajuda a Jesus. Terminando a prece, decidiu procurar Karen imediatamente. Foi para a Usina.

Eu também, com ele.

Chegando, convocou-a à sua sala.

Karen sentia-se extremamente prestigiada por ter sido procurada pelo presidente da Usina. Dirigiu-se à presidência, desfilando, toda dengosa, já não disfarçando perante os colegas o orgulho pela distinção com que era tratada.

Logo que adentrou a sala, Gino dispensou a secretária, pedindo-lhe que fechasse a porta, à saída.

Karen, assim que ficaram a sós, atirou-se a ele, para abraços e beijos.

Que foram recusados. Karen empalideceu.

– Karen – Gino foi direto ao assunto –, há poucos instantes o Delegado que cuidou do caso de Vito me procurou e esclareceu fatos que me entristeceram, pois comprometem-na bastante...

Karen, agindo por puro reflexo defensivo, interrompeu:

– Gino, meu bem, a Polícia sempre põe a culpa da sua incompetência em inocentes...

Gino lembrou-se das recomendações do Delegado.

Ainda na esperança de que estivesse havendo realmente algum engano sobre Karen, iniciou a fazer-lhe uma pergunta:

– Karen, lembra-se daquilo que você me contou sobre seu pai...

Karen, nervosa, sentindo que suas bases trincavam, apelou para chantagem emocional.

– Pois é Gino – atalhou –, meu pai está muito doente, mas graças ao emprego que você me deu, pude comprar remédios para ele e está melhorando...

Sobre o pai, já falecido, desde a primeira visita de Gino à sua casa, exigira de sua mãe que, se necessário, confirmasse a mentira que diria; mais tarde, quando já tivesse conseguido o que queria, pouco importava que Gino viesse saber a verdade. Contava com o poder da sua beleza para fasciná-lo. Daria uma desculpa, do tipo "tudo o que fiz foi por amor, pois estava perdidamente apaixonada por você... Não me arrependo ... Faria tudo novamente..." Ou outra mentira qualquer.

Gino demonstrava um grande abatimento, causando-lhe dor na alma. A mágoa pelo procedimento da mulher que, pela primeira vez na vida, amava feria-o fundo.

Entretanto, sua postura, seus gestos, seu olhar e seu tom de voz não eram de um juiz ou fiscal, eram de um homem apaixonado que repentinamente vê desmoronarem todas as construções feitas com inspiração na felicidade.

Aquele era o mais amargo momento, em toda a sua vida.

Karen captou o sofrimento emocional de Gino e, mantendo seu infeliz padrão comportamental, fez sua última jogada:

– Sou perseguida pela Polícia, porque não dei confiança àquele Delegado. Você acredita em mim ou nele?

Gino não respondeu. Apenas a fitava.

– Ele foi em casa – prosseguiu Karen –, quando Vito foi para o hospital e tratou a mim e a mamãe com muita grosseria.

Desferiu o último dardo venenoso disponível em seu arsenal de mentiras:

– Sei que não deveria ter feito o que fiz, mas só fui enérgica com ele porque percebi, mais no seu olhar do que nas suas palavras, outros interesses...

O ciúme, essa a última arma que Karen sacou para não perder aquela batalha, na qual, aliás, só ela combatia, pois Gino mantinha-se controlado, sem agressão, sem acusações, sem condenação.

Lembrei-me de alguns ensinamentos recebidos no meu curso de "anjo da guarda" relativos ao ciúme. São múltiplas as faces do ciúme: entre dois seres que se amam, indica falta de confiança, em si e no outro; entre dois companheiros, o destaque de um, por menor que seja, se causá-lo, é manifestação de inveja, se causado pelo desejo de galgar posição de alguém, ou ter posses de outrem, reflete frustração e incompetência; entre artistas, denota o império da vaidade, entre cristãos, inexiste! Onde se manifeste, atrairá clima de beligerância, de incompreensão, de insanidade, é indutor contumaz de inúmeros crimes, não apenas passionais. Geralmente, é desagregador, poucos são aqueles que, atingidos por seus fluidos negativos, conseguem manter-se tranqüilos e tolerantes, apoiando quem o fira. Enfim, é uma doença da alma.

Aproximei-me o mais possível de Karen e tentei convencê-la a não prosseguir. Não me ouviu. Estava entorpecida pelos próprios pensamentos, maquinando mil modos de se salvar. Não podia pôr tudo a perder, ou melhor, não podia permitir que tudo se perdesse, depois de já ter percorrido tão grande parte da caminhada ...

Gino não se envolveu com as artimanhas e com as ácidas vertentes do ciúme. Mesmo que aquela jovem, que ainda amava, tivesse sido assediada pelo Delegado, isso não excluía o ponto vital do problema; na sua aproximação dos Oreppi, havia mentido no começo, no meio e agora, no fim...

– Papai – prosseguiu Karen, apelando –, tão doente, mamãe tão pobre...

Qualquer dúvida sobre a veracidade do mau comportamento de Karen desfez-se ali. Ela era mesmo uma grande mentirosa.

– Karen, pare de mentir – Gino suplicou –, sei que seu pai já morreu há quinze anos...

Olhou-o estupefata. Não esperava por aquilo.

– É mentira! – gritou em desespero.

– Então, leve-me até ele...

Karen sentiu-se definitivamente desmascarada.

Gino olhou-a com misto de ternura e de piedade. Ternura, pelo que ela representava para seu coração, piedade, pelos maus atos que deliberadamente tinha realizado, expondo maldade consciente.

Karen, perdendo de vez o controle, precipitou-se para Gino, enlaçando-o intempestivamente.

– Gino, Gino, não me deixe, não fiz por mal, não agüento mais tanta pobreza...

Suas palavras eram uma confissão.

Como último fio daquele esgarçado liame, Gino, rompendo-o, quase implorando, disse, afastando-a:

– Karen, não continue. Vou guardar você na memória para sempre. Não turve mais essa lembrança. Só me responda, em algum instante desde que nos conhecemos, você nunca sentiu nada por mim, além de interesse material?

Qualquer que fosse a resposta, não acreditaria.

Estava magoado demais para julgar verdadeira qualquer palavra que Karen dissesse, dali para a frente. Arrependeu-se de ter feito aquela pergunta, quase um desabafo, uma desesperada busca de alívio à dor que maltratava seu coração apaixonado.

Karen, percebendo que pelo ciúme nada havia conseguido, fazendo naufragar todo o seu plano, vislumbrou nas palavras de Gino uma última chance, à feição de uma bóia lançada na direção de quem se afoga. Atirou-se a ele sensualmente, já não mais raciocinando, mas agindo por puro instinto. Que nela era sempre para seu benefício, mesmo que à custa de mentiras, de artimanhas, de falsidades.

O corpo vibrante e aquecido daquela jovem de estonteante beleza, que tanta cobiça causava nos homens, foi assim transformado na derradeira escora para evitar o desmoronamento do seu maquiavélico sonho.

Gino sentiu o impacto das vibrações altamente sensualizadas de

Karen.

A jovem buscou avidamente os lábios daquele homem, para com ele trocar beijos ensandecidos, liberando o que viesse em seguida.

Essa era a cartada final de Karen, em parte pensando e em parte agindo automaticamente, franqueou à libido todas as manifestações instintivas do sexo.

Gino não teve forças para repelir tão fortes sensações. Seu organismo há muito, refluindo os sentimentos da alma, desejava aquela mulher.

Nele, desde que conhecera Karen, a idéia era de integração, alma e corpo, corpo e alma.

Nela, porém, de início, só gritava a cobiça. Viu em Gino mais a fortuna e menos o homem, pouco repercutindo no corpo a idéia de uma união construtiva; ao ser surpreendida pela chegada inesperada do amor, foi incapaz de refazer a infeliz rota que elegera, em busca de bens materiais, com o que teria evitado acréscimo de futuras dores. Errando sempre no julgamento, considerou que poderia usufruir tanto do amor quanto do dinheiro, ignorando que o amor é incompatível com quaisquer interesses; privilegiou o material, em detrimento do espiritual, desconheceu que o amor se basta a si mesmo e aquele que mais o doa muito mais receberá. Como expressão mais simples, sempre se diz, com acerto, que no amor a majestade está na doação e não na recepção, aquela transita de coração a coração, tendo esta como conseqüência, jamais como objetivo. Exigir retorno, no amor, o transformaria numa transação, como tantas, no comércio.

A moral e principalmente o cumprimento do dever, uma vez instalados no Espírito, dificilmente deixam-se levar pelos arrastamentos do mundo. Quando diante das naturais e benéficas manifestações do sexo constituem bússola segura para o caminho a ser percorrido, o da responsabilidade!

Gino tinha apreciável acervo de ambas as virtudes. Decorrente disso foi que, independente de controle consciente, espiritual ou físico, do cérebro ou do desejo, ocorreu simultaneamente uma explosão e uma implosão. As duas reações se deram ante o despertamento dos sentidos – uma pela paixão e desejo e a outra, pelo amor. Sim, sentiu que Karen, naquele instante, além de desejá-lo também o amava. Isso fez explodir tantas e cruéis dúvidas, há muito aninhadas em seu pensamento, excluindo a figura de Vito, porém, fulgurou-lhe na mente que uma união com ela, se antes, com a sombra de Vito, já seria indigna, agora, nos termos atuais também.

Espírito e carne lutando entre si, reverberou em Gino a nuance mais sutil – a espiritual – com o que não retribuiu os carinhos.

Não foi de caso pensado, mas, sim, instintiva reação, espelhando seu caráter. Verdade seja dita, auxiliou-o o constrangimento da situação.

Num outro momento, seu procedimento correto, evitando qualquer relacionamento sexual divorciado de responsabilidade, certamente exigiria muito maior esforço em desatender às solicitações da libido.

Karen, perturbadíssima, pupilas dilatadas, trazia o coração descompassado no peito arfante. O momento era de extremo desconforto para ambos.

Percebi que Karen estava prestes a se vitimar pelo desespero, com graves repercussões físicas e mais graves ainda espirituais, mergulhando num processo obsessivo.

Seus quase dezenove anos tinham sido, até ali, um constante e total desperdício de saúde, de inteligência, de beleza, de apoio espiritual, este, mais pela formação espírita da família onde nasceu que pela minha missão junto a ela. Sempre se fizera de surda aos conselhos doutrinários que a mãe zelosamente lhe dava.

Nada disso conduzira aquela jovem a alguma realização edificante, a desempenhar tarefas que de alguma forma ajudariam a quitação do seu acumulado débito espiritual, contraído em vidas passadas. Agira sempre de forma equivocada, premeditadamente. E a premeditação, no erro, agrava-o. Para obter o que quer que desejasse, pouco importavam os meios ou o prejuízo do próximo.

Agindo como potente freio ao seu errôneo procedimento, os mecanismos espirituais da vida, insondáveis mas perfeitos, ampararam-na. Isso porque, usando suas próprias ações, delas extraíram os meios pelos quais ela poderia corrigir sua vida, ainda nesta reencarnação.

O que de momento aparentava irrecorrível tragédia, nada mais era do que parada brusca, à beira do precipício. Algo assim como, quando ainda crianças, no nosso primeiro dia de aula, perdemos o aconchego do lar e somos levados para um mundo estranho, aparentemente hostil.

Minhas preces, urgentes e fervorosas naquele momento tão delicado, foram auxiliadas pelo caráter de Gino que, embora alcançado pelas reações sensoriais, não cedeu ao império delas.

Não retribuindo as carícias ardentes, algemou o ímpeto de Karen. É que, embora o corpo do homem registrasse o enlace sensual com o corpo da jovem, os Espíritos vibravam em padrões opostos, nele, retidão e tristeza, nela, frustração e desespero.

Karen, ela própria, afastou-se dele.

Olhavam-se, sem conseguir nada dizer.

A jovem, finalmente, explodiu em pranto e retirou-se descontroladamente, espantando os colegas que a tinham visto adentrar com tanta pose.

Tendo Karen faltado sete dias consecutivos ao emprego, e sabendo-a "protegida" do senhor Gino, o Chefe de Pessoal da Usina informou-o disso.

O doutor Marcos há quatro dias já havia notificado Gino da ausência dela, havendo urgente necessidade de eventual substituta. Gino, sem comentar o havido entre ele e a jovem, solicitou ao médico que aguardasse mais alguns dias. Não imaginava o que poderia acontecer, mas confiou no tempo para a solução. Agora, decorrida uma semana sem que Karen se manifestasse, caracterizava-se abandono do emprego.

Gino foi discreto com o Chefe do Pessoal:

– Mande alguém verificar por que ela não tem vindo trabalhar. Caso tenha desistido do emprego, providencie integral indenização dos direitos trabalhistas.

Naquele mesmo dia Gino foi informado que a jovem, procurada na residência, declarou que não mais retornaria à Usina, sendo pois demitida, com dispensa do "aviso prévio", já tendo sido devidamente indenizada do que tinha direito.

Quando soube, Marcos lamentou, pois Karen vinha se mostrando muito dedicada e amorosa com os pacientes.

De forma melancólica, encerrava-se o curto período da presença dela no ambulatório.

Muito mais triste foi sua breve proximidade com os Oreppi.

"SORTE" INFELIZ

Karen, apática, mergulhou num recolhimento permanente, em desencontradas quanto tumultuadas reflexões.

Estive com ela, em tempo integral, desde o infeliz desenlace do seu romance com Gino. Sugeria-lhe, sem cessar, o reto proceder, o cultivo da verdade - em qualquer circunstância. Ora me ouvia, ora ficava surda aos meus conselhos.

Depois de uma semana, assim que foi demitida da Usina e recebeu o que de direito, tomou triste decisão. Inconformada com a perda de Gino, procurou uma mulher que tinha a fama de adivinhar, "ler sorte" e, principalmente, resolver problemas amorosos.

Fui com ela.

A mulher morava em local retirado da cidade, próximo a um pequeno bosque, numa casa solitária, na frente da qual uma placa dizia: "madame Olga".

Duas pessoas estavam na frente de Karen, aguardando a vez de serem chamadas.

Quando chegou sua vez, Karen expôs seu problema, entregou um recorte de jornal em que Gino aparecia com destaque e pediu à mulher para realizar um "despacho", que o fizesse voltar para seus braços.

Madame Olga, assim que viu o recorte do jornal, deduziu que se tratava de alguém muito bem colocado na vida. Cobrou alto, alegando necessidade de indenizar rezas, velas e oferendas à entidade espiritual que cuidaria do assunto.

O "assunto" era Gino voltar aos braços de Karen. Garantiu que dentro de dez dias, na Lua nova, tudo estaria resolvido. Karen pagou, feliz.

Eu, porém, nunca me senti tão infeliz. Recolhi-me à oração, aguardando os acontecimentos. Intuitivamente, permaneci no casebre.

Quanto a Karen, ansiosa, iria aguardar, sem sair de casa um minuto sequer, a passagem desses dez dias preconizados "para chegar a sua sorte".

Mantive-me em orações, suplicando a Jesus intercessão em favor dela. Percebi que aquele último passo, de graves conseqüências futuras, poderia comprometer, de vez, sua presente reencarnação, com perda total de aprendizado. Mais que perda, sobrecarga de novas dívidas espirituais.

Próximo de "madame Olga", orei também por ela. Dizer que orei é atenuar minha aflição, apelei. Pedi ao Mestre que alguma coisa "muito forte" acontecesse para impedir a queda fatal de Karen no abismo, no fundo do qual, provavelmente, encontraria "madame".

Jesus atendeu-me. Aconteceu a "coisa muito forte": Letes.

Veio até mim e informou que segundo instruções de Florêncio deveríamos, nós dois, fazer plantão junto à "madame Olga".

"Plantão, aqui?!" - pensei, atônito.

Distante de Florêncio, quase sempre eu conseguia entrar em contato com ele, através do pensamento. Porém, quando na sua presença, assim como na de Letes, nossa comunicação era instantânea, mental.

Essa extraordinária forma de comunicação entre Espíritos já havia sido esclarecida na Questão número duzentos e oitenta e dois de *O Livro dos Espíritos*. No curso que fiz, preparando-me para a atual tarefa, foi intensamente debatida.

Aprendemos que a comunicação espiritual se processa utilizando como veículo o fluido universal, que transmite o pensamento, assim como na Terra o ar transmite o som.

Treinamentos exaustivos fizemos, os alunos, capacitando-nos à maravilha do diálogo Espírito a Espírito, próximos ou distantes, sem uso da voz.

Letes também deve ter aprendido tudo isso.

Pois, mal acabei de pensar, respondeu-me:

– Florêncio informou que é hora de "madame" despertar para os sagrados compromissos da mediunidade, até aqui empregados por ela de modo vil. Dezenas de Espíritos encarnados e principalmente desencarnados vêm sendo escravizados por ela e o Plano Espiritual decidiu que é chegada a hora de despertarem a consciência para o mal que estão praticando.

Estava impressionado e sem saber o que pensar.

– Gino não precisa de nossa proteção – Letes completou a informação – contra as perniciosas influências que lhe estão sendo dirigidas, desde que Karen contratou "madame". A própria Karen ficará quieta por esses dias, aguardando. Por isso, nossa tarefa é mesmo aqui, junto a "madame".

Assim, ficamos naquela casa solitária, perto do bosque. Em ligeira visita ao interior, ficamos penalizados com o ambiente, no "consultório" – uma sala rústica –, sobre uma velha penteadeira, velas acesas e imagens, dezenas de imagens, duplicadas por um danificado espelho, davam o tom do clima espiritual, negativo.

Em vários pontos da sala, Espíritos com semblante abobalhado, de cócoras, aguardavam ordens.

Noutro cômodo, uma cama de casal desarrumada indicava que ali dormiam duas pessoas. Numa caixa de papelão, havia dezenas e dezenas de folhas soltas, com os nomes e endereços de "consultas", umas com datas antigas e outras, atuais. A quantidade demonstrava que madame Olga "trabalhava" bastante. Cozinha e banheiro diminutos, com total falta de higiene, atestavam desleixo.

Disfarçamos nossa presença, tentando agir de forma semelhante à dos Espíritos plantonistas.

"Madame" registrou no subconsciente que o padrão vibratório havia sido modificado, pois sentiu estranhas sensações percorrerem seu corpo.

Eu e Letes, com grande esforço, neutralizamos nossas mentes, evitando emissão de pensamentos. Ou melhor, pensamos sim, porém, desviando-os para uma atividade qualquer, no caso, fixamo-lo num grande rochedo, como se estivéssemos tentando levar uma pesada pedra ao seu topo. Atingido o cume, a pedra sempre caía e recomeçávamos.

Garimpamos esse pensamento na memória, extraindo-o de uma das aulas do nosso curso de anjo da guarda. Nessa aula, nossos Instrutores comentando sobre o medo da morte citaram a mitologia grega, segundo a qual o rei Sísifo, por ter tentado enganar aos deuses e escapar da morte, foi condenado a essa tarefa eterna; desde então, o "mito de Sísifo" simboliza a condição humana daqueles que ignoram a imortalidade do Espírito e a existência da vida no plano espiritual - a verdadeira vida.

Louvei esse treinamento defensivo do nosso curso ensinando-nos, quando em missão em locais degradados, materiais, desviar o pensamento, para com isso impedir Espíritos infelizes, encarnados, "detectarem" nossa presença. Como complemento da aula, foi perguntado como proceder, quando em igual situação, porém no plano espiritual. Responderam os Instrutores que isso demandaria condição espiritual ascendente do missionário...

A resposta, longe de ser ambígua, conforme possa parecer, foi cristalina.

Tanto que ninguém solicitou esclarecimentos...

Na casa de "madame", nossa "extenuante tarefa" demonstrou providencial utilidade, pois ela se tranqüilizou.

Vimos chegar outros encarnados, mais mulheres que homens, trazendo problemas, todos situados no campo afetivo. Eram atendidos individualmente. Após pagar os honorários cobrados, partiam esperançosos, crentes que levavam a "solução", e que deixavam para trás os problemas, agora de "madame".

Uns pagavam mais que os outros, pois "madame" era autodidata em psicologia, sendo hábil negociadora, extraindo dinheiro dos incautos, segundo suas posses, percebidas apenas pelo diálogo que ela, com habilidade, conduzia.

Adivinhar, na verdade, madame bem que adivinhava, a condição financeira dos consulentes.

Como Karen, todos se julgavam com "sorte".

Sorte infeliz, pensamos eu e Letes.

VAMPIRISMO

Espantaram-nos os sombrios acontecimentos espirituais que vimos naquele casebre de aparência tão inocente a encarnados. À noite, no quarto, madame se reunia com o companheiro encarnado para filtrarem os casos, elegendo aqueles que prometessem rendimentos posteriores. Os casos eleitos eram colocados na penteadeira, debaixo de uma imagem, os demais eram simplesmente jogados na caixa de papelão. A seguir, para cada caso "aprovado" madame emitia ordem mental a uma daquelas tristes entidades espirituais ali sediadas, que saía célere da casa, dirigindo-se ao interior do bosque. Logo voltava, na companhia de um Espírito que madame Olga denominava de "operário", seus operários.

Karen foi "aprovada". Seu atendimento estava situado em quarto lugar, dos pedidos do dia.

Prestamos atenção ao primeiro "operário" convocado, naquela noite, para atender a um caso solicitado há alguns dias. Era sombrio, tinha os braços revestidos de penas escuras, coladas à epiderme com uma gosma estranha. Trazia uma vasilha, à semelhança de panela de barro, sem cabo, com as bordas dentadas, contendo um líquido também gosmoso. Em perfeita sintonia com o Espírito, cuja chegada detectava de imediato, assim que adentrava a sala, "madame" pronunciava em voz alta os nomes e os endereços, tanto do consulente, quanto da pessoa que era "cobiçada" por ele. Tão logo recebia essa informação, o "operário" se retirava, demonstrando perfeita consciência do que deveria fazer logo no dia seguinte.

Pensei no quão lamentável tamanha mediunidade se desviar dos rumos evangélicos, do auxílio ao próximo...

Quando o dia amanheceu, Letes e eu resolvemos seguir um dos "operários", porém mantivemo-nos em vibração diferente à dele, para não sermos percebidos.

Estávamos interessados em compreender todo o mecanismo espiritual daquelas ações, para que melhor pudéssemos auxiliar os nelas envolvidos, a começar por Karen. Não tinha sido essa a finalidade pela qual Florêncio nos destacara para ir até à presença de madame Olga?

O Espírito, antes de partir, acenou para dois outros daqueles que ficavam junto a madame Olga, ordenando que o seguissem.

Os Espíritos obedeceram,quais carneiros amestrados.

Deslocando-se com dificuldade, o trio alcançou a cidade e adentrou um escritório de advocacia.

Nildo, um advogado de mais ou menos quarenta anos, responsável pelo escritório, estava estudando um processo cuja defesa teria que apresentar no Fórum ainda naquele dia.

Impressionou-nos o que vimos a seguir. O Espírito que liderava o grupo deixou a panela sem cabo num canto e aproximou-se de Nildo. Com as mãos tapando-lhe os ouvidos, passou a apertar-lhe a cabeça, fazendo fortíssima pressão, como se quisesse "espremer" o crânio do advogado. Este imediatamente sentiu tontura e um aperto no peito. O obsessor, prosseguindo com a cruel "massagem", colocou o polegar e o indicador de uma das mãos na nuca do homem e com todos os dedos unidos da outra mão, como num feixe, fez pressão no topo central da caixa craniana. Da nuca, na parte final da medula espinhal, transitando por ela, uma espécie de vapor escuro subiu e envolveu as regiões das circunvoluções occipitais e depois as temporais. Idêntica substância, mais sinistra ainda, desprendendo-se dos dedos unidos do Espírito, "desceu" por dentro da cabeça, indo encontrar-se com aquela que provinha da medula. Surgiram estrias escuras no tálamo, que em ligeira convulsão passou a pressionar a glândula epífise; esta, com tênue brilho, como que "apagou-se".

Percebemos claramente que tal manobra impedia ao homem qualquer pensamento mais nobre, particularmente a prece.

O efeito foi devastador, Nildo tentou levantar-se e não conseguiu. Católico, crente em Deus e em Jesus, embora não fosse freqüentador assíduo da Igreja, trazia em sua aura cores um tanto desbotadas, mas que evidenciavam não ser um malvado. Apenas um homem como tantos outros que, moralmente frágeis, não resistem às tentações mundanas, dentre elas o adultério, de preferência com diferentes parceiras sexuais, pois que tais tentações, logo saciadas, são abandonadas pela busca de outras...

O "operário", então, passou a emitir imagens de sexo desvairado, concentrando-se na região orgânica do baixo ventre de Nildo, onde se localizam os órgãos sexuais.

O advogado tinha um anjo da guarda, Geraldo, que se apresentou naquele preciso momento. Cumprimentou a mim e a Letes e após nos identificarmos, reciprocamente, disse da sua tristeza em não ser atendido.

Não consegui evitar um pensamento, "mais um, dentre milhares, milhões talvez...".

Tentou aproximar-se do seu tutelado. Não conseguiu, pois havia uma barreira formada pelos pensamentos sensuais que ele captava, iniciando sintonia com o obsessor.

Contudo, em oração, ajudou-o um pouco. Nildo, com o auxílio daquela prece, conseguiu com muito custo, mal podendo falar, chamar pelo interfone a secretária, que acorreu para atendê-lo. Vendo o patrão ofegante, em péssimas condições, ofereceu-lhe um copo d'água que foi bebida de um gole.

O "operário" de madame Olga perturbou-se com a presença da secretária e afastou-se de Nildo, que sinalizou melhora.

Agradecendo à secretária, Nildo dispensou-a, informando estar bem, debitando o "ligeiro mal-estar" às preocupações com o importante processo.

Como queríamos entender o que desejava o Espírito, e como agia, mantivemo-nos ainda sem sermos vistos, mas próximos o suficiente para podermos também agir, com presteza, se necessário. Dissemos a Geraldo o nosso propósito e oferecemos cooperação.

De comum acordo, e com tristeza, respeitamos o livre-arbítrio de Nildo. Contudo, ficamos alertas, prontos a interceder em seu benefício, caso seu estado se nos afigurasse comprometedor e recebêssemos instrução superior nesse sentido.

Sabíamos, os três, que, em situações de grave perigo a algum encarnado, dependendo do merecimento, é comum o anjo da guarda receber autorização para evitá-lo ou atenuá-lo.

No mundo, às vezes, isso recebe o nome de "sorte".

Tão logo a jovem se retirou, o Espírito retornou à prática obsessiva. Após massagear brutalmente a cabeça do advogado, foi até a panela, onde enfiou as mãos. Voltou até Nildo, lambuzando-lhe a cabeça e a região cardíaca. Mal acreditando no que presenciávamos, notamos que cérebro e coração do homem, ligados aos do Espírito obsessor, passaram a formar um único sistema vibratório, como que interligados por condutores elétricos. O comando do sistema subordinava-se só ao "operário"...

O que mais nos surpreendeu, contudo, foi a ação seguinte, que elucidou o porquê daquelas providências precursoras; o Espírito encostou a boca no ouvido do advogado e pronunciou, várias vezes, um nome feminino – o mesmo que madame Olga lhe havia passado, que era o da mulher que havia pago para recuperar o amante. No mesmo instante o homem lembrou-se de sua amante, que ele havia abandonado há algum tempo. Ficando de frente para Nildo, passou a mentalizar cenas sexuais grosseiras, sempre pronunciando aquele nome, por algum tempo.

Nildo não teve condições de concentrar-se no trabalho, pois a mente não obedecia. Não conseguiu impedir divagação dos pensamentos que teimosamente se fixavam em recordações da ex-amante. Com tristeza, notamos que a região genésica do homem passou a vibrar intensamente, colorindo-se de vermelho-fogo.

Estranhamente, sem motivo aparente para o advogado, seu instinto sexual despertou, exigente...

Obtido esse grau de influenciação, o Espírito deixou o advogado, determinando aos auxiliares que a cada hora repetissem a "massagem", tal como ele havia feito.

Os auxiliares apenas abaixaram a cabeça, demonstrando que tinham entendido a ordem e que iriam cumpri-la.

Combinei com Letes que ficaria ali por algum tempo e que ele seguiria o Espírito. Mais tarde nos encontraríamos no casebre de madame Olga.

Nas duas horas seguintes os auxiliares espirituais repetiram a operação que lhes havia sido determinada. As sugestões sexuais que mentalizavam eram ainda mais perniciosas que as feitas pelo "operário".

Após o término da segunda "massagem", Nildo sentiu saudades dos seus encontros com a ex-amante. Ligou para ela e marcou encontro para aquela tarde mesmo, propondo-lhe recuperação do tempo perdido, com "uma daquelas tardes quentes dos velhos tempos...".

A voz havia mudado de tom, passando a derramar sensualidade. Não se dava conta exatamente do que fazia ou do que falava. Sabia apenas que era urgente atender às demandas do sexo, que não admitiam freio.

Os dois auxiliares, antes que ali chegassem, estavam mergulhados em marasmo. Obtido agravamento de desejo sexual no advogado, apresentaram notável transformação de atitudes, como se tivessem recebido uma poderosa vitamina, de efeito rápido, tornaram-se ligeiros. Voltaram correndo para o bosque e lá chegando deram conta da missão cumprida ao chefe que os aguardava. Acompanhei-os.

Letes também estava nas proximidades. Trocamos informações sobre o que tínhamos presenciado.

Logo após Letes conduziu-me até uma pequena clareira, no interior do bosque, e outra vez quase desacreditei do que vi. À roda de uma fogueira feita por madame Olga, dezenas de Espíritos, todos lambuzados com aquele mesmo líquido asqueroso, traziam nas mãos vasilhas semelhantes à do "operário". Na verdade, eram outros "operários" ali reunidos, aguardando trabalho, sob ordem daquela mulher de excelente potencial mediúnico tão mal empregado.

Não consegui evitar ligeira análise comparativa. Muitas vezes, nas entradas das cidades médias ou grandes, reúnem-se homens saudáveis, oferecendo-se para carregar ou descarregar mercadorias em caminhões que chegam. Em algumas regiões, recebem o apelido de "chapas". São homens simples, geralmente sem instrução, voltados para um trabalho honesto que exige muita força física. Na maioria, entregam-se a essa rude tarefa, ante dificuldade de outro emprego. Na época do frio, acendem uma tosca fogueira com ramos colhidos nas redondezas de onde fazem "ponto" – geralmente, beira de rodovia –, e em volta dela ficam horas e horas de plantão, à espera do ganho do "pão de cada dia", para si e para a família. Muitos motoristas, em dificuldades, já foram socorridos pelos "chapas", pois são bons e respeitosos.

Já naquele bosque, materialmente considerado "sem vivalma", tantos Espíritos, também sob plantão, com os perispíritos fixados ainda em sensações terrenas – tanto que o fogo os aquecia –, aguardavam trabalho, só que tão infeliz...

Logo percebemos que ali era o local onde o líquido era produzido por duas equipes distintas, uma, encarregada de ir mais para o interior do bosque, em busca de hastes e folhas de urtiga e de espinheiros, de onde retiravam uma espécie de essência, semelhante a um ácido, pois que "fervia"; a outra equipe ia a um matadouro, nas proximidades, onde urubus se refestelavam com vísceras e outras partes não aproveitáveis de animais abatidos clandestinamente, que eram jogadas fora. Disputando com as aves, aqueles Espíritos espremiam os despojos, deles extraindo uma substância pastosa.

Sabemos, todos os espíritas, que os animais não possuem mediunidade, mas que possuem indeterminada percepção espiritual; ali, volta e meia um urubu dava pequeno salto, como que assustado por algo invisível: eram os Espíritos que, revestidos com tão grosseiros perispíritos, os espantavam!

Um encarnado que por ali passasse, dificilmente atinaria com a causa daqueles pulinhos das aves.

Sendo colocadas nas vasilhas partes das duas "matérias-primas", da mistura resultava o líquido que tanto repúdio me causava.

Espanto sobre espanto, nesse momento vimos madame Olga chegar, trazendo três galinhas de penas pretas. Degolou-as, com a maior naturalidade, espalhando o sangue em círculo ao redor da fogueira, passando pelas vasilhas antes de chegar ao chão.

Assim era produzido aquele líquido gosmoso.

Aproveitando-se do holocausto, vários daqueles Espíritos atiraramse às aves mortas, sustentadas por madame, sugando-lhes vampirescamente a possível vitalidade porventura ainda existente.

A seguir, as aves eram atiradas na fogueira.

Letes, para me assombrar mais ainda, disse:

– Bem que Florêncio explicou, outro dia, que a Química, ao contrário do que muitos materialistas supõem, não é primazia terrena, a produção de bebidas, tóxicos, venenos, gases mortíferos de emprego bélico e tantas outras transformações ou combinações químicas, têm sempre elevada carga de autoria espiritual inspirativa.

Prosseguiu com toda calma:

– Sabe por que Florêncio me deu essa informação?

– Não. Por quê?

– Perguntei-lhe qual a explicação da AIDS fazer vítimas entre pessoas já com tantos problemas, tais como os homossexuais e os toxicômanos. Respondeu-me que, quanto aos homossexuais, primeiras vítimas da síndrome que à época do seu descobrimento foi chamada de "câncer gay", serviu-lhes para o atual estágio de repensar e represar tal tendência, impressa em seus Espíritos, quase sempre por desatinos em vidas passadas; mesmo que não deixem a prática homossexual, estão agora muito mais cautelosos, o que representa um despertamento, vago, é verdade, para ajuste dos instintos sexuais - mas o despertar moral é sempre uma aurora, prenunciando reforma interior. Quanto aos toxicômanos, segundo grupo de risco da AIDS, por ela foram alcançados pela prática da chamada "seringa coletiva" – injeção endovenosa de cocaína líquida, contudo, o surgimento do "crak", substituindo essa aplicação da cocaína, não deixa de sinalizar também que a mudança do consumo, menos pelo preço e mais pela forma como é assimilada, individualiza o risco, pois que, substituindo a seringa com cocaína dissolvida, simultaneamente usada por muitos, pelo tosco cachimbo com as pedras do "crak", elimina-se o contágio sangüíneo; os usuários da cocaína, transformando-se em consumidores de "crak", arremessam para longe o HIV, com o "crak", agora de uso majoritário entre os viciados, o fulcro do dano físico é individual, a começar das vias respiratórias e desarranjos cerebrais, não mais a disseminação do HIV entre muitos...

Letes pensou um pouco e continuou:

- Ensinou-me ainda Florêncio que aos heterossexuais promíscuos, igualmente a AIDS tende a coibir-lhes esse imperdoável procedimento. A doença está alertando àqueles que assim agem, para o respeito pelo companheiro constante, induzindo-os a uma "fidelidade compulsória"; sem esforço pode-se notar, no mundo todo, a eclosão daquela que poderíamos chamar de "terceira onda" da AIDS, a que atinge parceiros fiéis, geralmente esposas, contaminadas pelos infiéis, com extensão do dano aos filhos nascidos já aidéticos, no denominado "contágio vertical".

Para complementar nossas análises, acompanhamos Nildo, na aventura extraconjugal vespertina.

A ex-amante, toda feliz, sentia-se gratificada pela "maravilhosa" competência de madame Olga, que em menos de quatro dias havia lhe devolvido o seu perdido objeto de desejo.

Dessa aventura, seja consignado apenas que os dois Espíritos que haviam auxiliado o "operário" compareceram ao local da intimidade dos amantes, tornando-se dela partícipes mais ativos que eles próprios.

Triste simbiose essa, em que encarnados suprem desencarnados de sensações indignas. Eis porque o Espiritismo, com muita propriedade, designa de vampirismo esses inter-relacionamentos, que fatalmente cominam em processos obsessivos, desenrolados em longas e dolorosas trajetórias.

O EVANGELHO: FORÇA MAIOR!

Fizemos estágio junto a madame Olga por cinco dias.

Seguimos e testemunhamos outros "atendimentos", cujos procedimentos não se alteraram. Dos quatro casos, dois não prosperaram, os alvos mantinham regular vigilância espiritual e nada pôde ser feito pelos "operários".

Chegou a vez de atender Karen.

Madame Olga, à noite, como sempre fazia, convocou mentalmente um dos seus "operários"; mantinha sobre o colchão a foto de Gino, no jornal, e o endereço da sede da Usina onde mais tempo permanecia. Sintonizando a chegada do Espírito que convocara, por três vezes leu o nome de Karen, de Gino e o endereço dos dois.

Assaltou-me indefinida preocupação quando foi pronunciado o endereço de Karen. Também, não pude deixar de lamentar o erro que aquela mulher cometia, desvirtuando o emprego de tão eficiente mediunidade.

Passadas as informações, na manhã seguinte lá se foi o "operário", com dois auxiliares.

Foram seguidos por mim e Letes. Sem nos ver.

Chegando à sala da presidência da Usina, Gino lá estava, assinando vários documentos.

Quando o "operário" tentou aproximar-se dele não o conseguiu, só podendo ficar a alguns passos. Forçou, imprecou, blasfemou, xingou, mas não conseguiu chegar perto de Gino. Mesmo à distância, gritou o nome de Karen, tentando romper invisível barreira, num esforço que se mostrou inútil.

Médium, Gino deixou os documentos por um instante e tomou o seu inseparável *O Evangelho Segundo o Espiritismo*, sentindo indefinida necessidade de ler um trecho. Abriu-o e leu o texto "Os Inimigos Desencarnados", no capítulo XII.

O Espírito obsessor, em desespero, tentou atirar na cabeça de Gino todo o líquido que sua panela continha. Teve desagradável e aterradora surpresa, o líquido se voltou contra ele, imobilizando-o por completo, como que atingido por inexplicável e total paralisia.

Os dois auxiliares saíram correndo apavorados.

Vendo o "operário" imobilizado, Letes e eu julgamos que seria caridoso levá-lo a um pronto-socorro espiritual. De comum acordo, nós o conduzimos ao próprio Centro Espírita que Gino freqüentava, onde foi entregue aos cuidados de guardiões espirituais ali destacados em tempo integral.

Retornamos para junto de madame Olga.

Os dois auxiliares do "caso Karen" chegaram logo após, pois estavam receosos de voltar, pelo fracasso. Sempre que isso acontecia eram punidos, pois madame não os escalava para tais tarefas por longo período, deixando-os "em jejum", como vociferava.

E, para eles, a privação de acontecimentos eróticos totalmente desregrados e inferiores era pior do que passar fome ou sentir sede.

Madame Olga registrou espiritualmente o que tinha acontecido, antes de os dois infelizes transmitirem qualquer notícia, que ela tão bem captava, via mediúnica. Foram deixados de castigo.

Em tais situações, madame julgava prudente não insistir. Antes de dar o caso por encerrado, tomava uma medida que considerava acauteladora: designava uma equipe de três "operários" para comparecer ao endereço do consulente, para levar desestímulo à pretensão.

Fomos com a tal equipe à casa de Karen.

Lá chegando, encontramos Clóvis, o companheiro encarnado de madame Olga, entrevistando Karen. Tinha esse indivíduo o hábito de visitar os consulentes, fossem casos aprovados ou não aprovados, para deles extorquir algum dinheiro. Maneiroso, sempre envolvia as vítimas.

Com Karen não foi diferente: identificando-se como "agente" de madame Olga, encarregado das providências materiais destinadas a agradar "aos guias", conseguiu que ela lhe desse mais dinheiro.

Clóvis desconhecia o fracasso relativo à pretensão de Karen. Recebendo o dinheiro, foi para o bar no qual se reunia com amigos, ali passando a maior parte do tempo, bebendo e jogando cartas, jogo a dinheiro. Letes acompanhou-o. Contou-me, mais tarde, que Clóvis, mais perdendo do que ganhando, volta e meia tomava quantias emprestadas a um agiota. Deduzimos que ele só conseguia amortizar os empréstimos, achacando aos consulentes da companheira, madame Olga.

Assim, muitas das pessoas que procuravam a ledora da sorte eram duplamente espoliadas.

Esperançosas, todas elas se julgavam felizes.

Os Espíritos que vieram à casa de Karen não tiveram nenhuma dificuldade em aproximar-se dela, em extraordinária demonstração de acasalamento fluídico, entre encarnados e desencarnados, fixados numa mesma idéia. Tudo em obediência à maravilhosa lei espiritual da atração, ali trafegando na contramão evangélica, como infelizmente ocorre na maioria das vezes, na humanidade.

Inicialmente, envolveram-na com fluidos negativos que foram assimilados de imediato. A seguir, passaram a projetar quadros mentais relativos a Gino: mostravam-no malvado, infiel, devasso, destruidor de corações.

Achegando-se ao ouvido da jovem, passaram a sugerir-lhe que desistisse de Gino, sendo tão bela, logo arrumaria partido melhor; ele a abandonara cruelmente e a vida inteira voltaria a fazer isso, caso se aproximassem. Ali eram três obsessores contra um encarnado.

Não contavam eles, porém, com a resistência da jovem, duplamente fortalecida, de início, pela cobiça, e após, somada à visita do amor ao seu coração. Gino, para ela, representava a realização do ideal maior, a felicidade, completa e suprema, material e sentimental.

Considerei oportuno auxiliar Karen e também os Espíritos infelizes. Nem ela, nem eles, aceitaram, repelindo-me com energia, surdos às sugestões evangélicas que lhes enderecei.

De tanto insistir, por três dias os Espíritos obsessores conseguiram atingir Karen, que começou a apresentar apatia, sonolência e falta de apetite. Não obstante, dia e noite tinha os pensamentos voltados para um único foco, Gino.

Dormindo algumas horas durante o dia, à noite passou a ter insônia. Com isso, entre ela e os obsessores instalou-se duelo mental, ambas as partes fixadas em objetivos inferiores.

Karen adoeceu, enfraquecida fisicamente, contraiu fortíssima gripe que a prostrou de vez. Por duas noites delirou, debatendo-se em convulsivos acessos de tosse, parecendo afogar-se. Assim que adormecia, passava a ter pesadelos nos quais Vito a condenava, Aurélia implorava ajuda, doutor Marcos a repreendia, Gino lhe voltava as costas e Clóvis fazia cobranças, jurando vingança pela falta de pagamento.

Tais cenas, causando-lhe dor moral porque vividas intensamente, eram extraídas da sua consciência. Considerando que o sono enfraquece os laços que prendem o Espírito ao corpo, assumiam seu verdadeiro caráter, o da realidade espiritual, única que cada ser incorpora à sua existência, para a eternidade.

Os Espíritos que a assediavam consideraram que sua missão estava cumprida.

Sua mãe, pobre e de pouco expediente, buscava medicá-la com remédios caseiros.

Não a deixei um minuto sequer.

Como seu estado se agravasse, socorri-me de piedosos vizinhos, aos quais sugeri visitá-la; um médico, parente dos vizinhos, estava em visita a eles, prontificando-se a atender à doente, graciosamente, medicando-a.

Simultaneamente, sua mãe solicitou a uma equipe de médiuns passistas do Centro Espírita que freqüentava que viessem ministrar passes na filha.

Nem bem a equipe mediúnica adentrou, os Espíritos obsessores ficaram confusos. Quando um dos médiuns leu um trecho de *O Evangelho Segundo o Espiritismo*, desistiram da continuidade da missão e abandonaram a casa.

Com os passes e ausente o assédio infeliz, Karen fortaleceu-se espiritualmente, refletindo no físico, com o que os medicamentos produziram benéfico efeito.

Fazia duas semanas que Karen procurara madame Olga. Revoltada por não ver atendido seu desejo, começou a desconfiar de que havia sido enganada, pois pagara duas vezes, sem nenhum resultado.

No íntimo, surgiu a idéia de tentar recuperar o dinheiro que tolamente havia gasto. Era a admissão do completo fracasso de madame Olga. Concluiu que se Gino tivesse que procurá-la já o teria feito.Decidida, dirigiu-se ao casebre, no bosque, disposta a reaver seu dinheiro a qualquer custo. Ninguém a faria de boba. Justamente a ela, tão esperta.

Ao se aproximar, teve uma surpresa, algumas pessoas abandonavam apressadamente o casebre de madame, de cujas portas e janelas saía fumaça.

Ao contrário dos demais, correu para mais perto, para identificar melhor a proporção do provável incêndio. A porta de entrada estava escancarada e por isso deu um passo no interior da sala de consultas. Na penteadeira estavam as imagens e muitas velas acesas. Em meio à fumaça que vinha de outro cômodo não conseguia ver ninguém.

Ia se retirar, já parcialmente atingida pela fumaça, quando ouviu gemidos.

Num relance, que iria gravar positivamente o ato em seu Espírito, surpreendentemente não recuou, pois que incêndios desde sempre constituem palco de grave perigo para qualquer criatura. O sentimento de fraternidade, há muito adormecido, despertou. E despertou justamente num dos momentos em que a tão pouco praticada virtude desponta, pois o fogo causa pânico em quase todos os seres vivos.

Mas Karen era um Espírito forte e experiente, pelas multiplicadas reencarnações, fatores que afloraram num segundo.

Fraternidade, radiante sol interior!

Agindo apenas por reflexo, precipitou-se para o interior do casebre, vencendo a fumaça, no propósito de ajudar. À entrada do quarto, foi chamuscada por uma língua de fogo. Identificou que dali provinham o incêndio e os gemidos, estes, cada vez mais angustiosos. Conseguiu ver madame Olga tentando erguer o sócio, do leito, que apenas se retorcia, sem poder levantar. Faltavam forças à mulher. Estavam incendiadas algumas vestes de Clóvis. Madame voltou-se para abandonar aquele pequeno inferno em chamas, pois em pequenos pontos suas vestes também queimavam. Ao recuar o primeiro passo e se voltar, chocou-se com a jovem, recordando de pronto que era sua consulente. Fitaram-se por um instante, que para ambas poderia ser fixado tanto como um milissegundo, quanto um século.

Olharam o homem, em estertores de dor, lutando para se erguer e caindo, cada vez mais asfixiado.

As duas mulheres, unindo esforços, sem que palavras fossem ditas, lutando contra o instinto de sobrevivência, conseguiram, com muito sacrifício, arrastar o homem do quarto para a sala. Em desespero, buscavam levá-lo para fora.

Inesperadamente, madame caiu ao bater as costas com força na penteadeira, derrubando as imagens e as velas. Na queda, soltou o braço de Clóvis, que puxava energicamente, pelo que o corpo do homem tombou com força. Madame sofreu um corte profundo num dos braços, provocado por uma das imagens quebradas e pelo combustível de "velas votivas" que caíram nela, incendiando.

Karen, desequilibrando-se, também caiu. Bateu o rosto num toco de vela ainda aceso. Embora de curta duração, pequena chama queimou-lhe a face, ferimento mais grave causou o contato com o líquido fervente da vela, que aderiu ao seu rosto.

Mesmo sob dor insuportável, as mulheres conseguiram finalmente levar Clóvis para fora.

Algumas garrafas de álcool explodiram, espalhando chamas violentas que acabaram por consumir a construção.

Curiosos mantinham-se à distância, sem o mínimo impulso de ajuda. Relutantes, alguns, vendo as mulheres feridas, ampararam-nas e carregaram Clóvis, deixando-os em local seguro.

Sem dificuldade, perceberam todos que Clóvis estava morto.

A vegetação seca incendiou-se também, alcançando o bosque, em poucos minutos eliminando-o da paisagem.

Madame, aos prantos e abraçada a Karen, vendo o fim de todo o seu patrimônio, contou a causa do incêndio:

– Clóvis estava bêbado e de alguma forma deixou uma vela acesa cair na caixa onde eram guardados vários papéis. Sem controle, derrubou bebida na cama e nas vestes. Ouvindo seus gritos corri para ajudá-lo e vi que tentava apagar o princípio do incêndio, foi quando vi suas roupas pegarem fogo e ele jogar-se na cama, onde mais alimentadas foram as chamas.

– Acho que a terrível dor e a asfixia pela fumaça – concluiu em convulsões – causaram-lhe o desmaio. Foi quando, graças a Deus, você chegou.

Após a dolorida narração, desmaiou.

"Graças a Deus" eram palavras que os lábios de madame há anos não pronunciavam.

"Graças a Deus", pensamos eu e Letes.

Do ponto de vista espiritual, muitos outros desdobramentos ocorreram.

De início, percebi o efeito purificador que o fogo promoveu, em especial naquele sítio. Aproximaram-se Espíritos socorristas, permanecendo nas cercanias do bosque. Sem dificuldade, identifiquei os anjos da guarda de madame e de Clóvis dentre eles, quando o fogo consumiu a casa de madame e o bosque. Grandes porções de fluidos pesados, quase pastosos, se evaporaram; pessoa qualquer que aspirasse porção mínima daquela fumaça, no instante de maior fulgor, teria morte instantânea, tamanha a toxidade físico-espiritual. Quando as pessoas encarnadas saíram correndo do casebre, no começo do incêndio, junto com elas também os Espíritos plantonistas o abandonaram, refugiando-se no bosque. O bosque, incendiando-se, tornou-se insuportável para os Espíritos infelizes que nele se reuniam. Além dos recém-chegados, que comumente ficavam no interior do casebre, aturdidos, todos fugiram, não suportavam o calor das chamas por causa da sua densidade fluídica, grosseira e apegada ainda às coisas materiais; alguns desfaleceram e logo foram recolhidos pelos enfermeiros do plano espiritual socorrista; seriam levados a instituições de refazimento, já que até então vinham sendo mantidos como escravos e há algum tempo alguns pretendiam mudar de procedimento. Quanto aos demais, debandaram, perdendo a base que os sustentava, sua vibração negativa arremessou-os a infelizes regiões espirituais. Ali, cedo ou tarde, teriam que reiniciar dura caminhada de reconstrução deles próprios. Dentre os Espíritos bondosos, um dirigiu-se a mim e a Letes, agradecendo as preces que fazíamos por Clóvis. Era seu "anjo da guarda", demonstrando tristeza pelos descaminhos do seu tutelado, surdo e alheio às sugestões evangélicas que em vão lhe endereçava.

A desencarnação de Clóvis foi traumática, pois sinistras companhias espirituais apossaram-se dele; tão logo iniciou um doloroso e difícil desligamento do corpo físico, que parecia não ter fim, Letes e eu tentamos ajudá-lo, mas só conseguimos orar, já que seu Espírito vivia incrível drama, por sua imprevidência. Era obrigado a abandonar a matéria, à qual fortes amarras o prendiam, além de cruéis sofrimentos, mas no plano espiritual esperavam-no famélicos Espíritos; nem bem iniciara o desprendimento do corpo, atacaram-no, sorvendo sua já diminuta vitalidade. Criara para si mesmo um incrível paradoxo, da dor das queimaduras, no plano físico e do vampiresco ataque, no espiritual; sem opção, gritava horrorizado. As preces feitas por nós três em favor de Clóvis atenuaram-lhe o sofrimento, alcançado que foi por um providencial desmaio. Sob ação direta de seu "anjo da guarda", sabíamos, Letes e eu, que ele mais cedo ou mais tarde despertaria, com as mesmas impressões, e estaria, então, em sofridas regiões do plano astral, comumente denominadas de zonas umbralinas inferiores, sempre envolto em sombras, dúvidas e dor, tendo por companhia Espíritos com ele sintonizados. Oramos igualmente pelos demais Espíritos sofredores; sabíamos, também, acima de tudo, que tempo viria em que todos, tangidos pelo remorso, pela dor ou pela reflexão, volveriam seu coração para Deus, o Pai de amor, que jamais abandona Seus filhos, bons ou maus; nesse preciso momento, seriam colocados à sua frente, ao longo de repetidas reencarnações, entre provas e expiações, todos os meios e oportunidades necessários à inexorável escalada restauradora do seu progresso espiritual.

Refleti sobre a Bondade Divina, permitindo a todos os seres navegar nos mares da Vida, em aprendizado constante, por meio do contato com gente de toda parte.

Para todas as travessias Deus equipou-nos. Seus filhos navegantes, com a diretriz segura da Consciência. Nunca também faltaram Estrelas no Céu, os Espíritos Protetores para nos orientar e constantemente proporcionar correção de rota.

Nós é que deliberadamente nos perdemos, ao insistir em navegar nas traiçoeiras águas das más tendências, desprezando os diversos faróis e bóias sinalizadoras de perigo que nos advertem, os ensinamentos que nos deu Nosso Senhor Jesus Cristo!

É tamanha a Caridade do Criador, que a cada naufrágio nosso, incautos navegantes que somos, Ele nos concede a bênção de nova viagem.

Ou a alegria de quem, perdido no mar, ouve "terra à vista".

PASSAPORTES DO DESTINO

Os bombeiros, tardiamente avisados, chegaram ao local do incêndio e verificaram que nada mais havia a ser feito. Apenas rescaldo. O fogo havia consumido toda a construção e tudo que estava no seu interior. Como sobraram partes de algumas paredes oferecendo riscos, foram postas abaixo.

Uma ambulância conduziu madame Olga e Karen para serem socorridas. O corpo de Clóvis foi levado para o Instituto Médico Legal, para as providências legais.

Dessa forma, ali, algumas horas após, só alguns entulhos fumegantes e montes de cinzas davam notícia de que um incêndio destruíra uma casa.

Curiosos chegavam, olhavam, partiam.

Todos temiam madame Olga e não resistiam à vontade de ver a destruição que segundo julgavam, embora feita pelo fogo, tinha sido causada por "castigo de Deus".

Ao anoitecer, ninguém mais estava por perto.

Apenas Letes e eu ficamos ainda algum tempo, em oração, rendendo graças à Providência Divina pelos benefícios espirituais que já despontavam como saldo. O maior, com toda certeza, era o feliz resgate que Karen fizera junto ao casal que lesara no passado, quando inveterada jogadora.

Florêncio chegou algum tempo depois e uniu-se às nossas preces.

Antes de a noite esconder aquela paisagem, deixamos aquele sítio. O tempo e a natureza, como sempre, se encarregariam de reconstruir a vegetação e o bosque.

Florêncio levou Letes e ao se despedir informou que em breve tempo nos reuniríamos, para a continuidade das tarefas junto aos Oreppi.

Fui para o Hospital Municipal, onde foram socorridas madame Olga e Karen. Encontrei-as prostradas, em camas paralelas da mesma enfermaria, coletiva, junto a numerosos outros pacientes.

Madame Olga fora submetida a uma cirurgia no braço e estava ainda sob efeito anestésico. O ferimento tinha sido grave, pois seccionara alguns tendões. Não foi difícil identificar quem era o Espírito bondoso que velava por ela, seu "anjo da guarda", que sorriu para mim; grato, informou-me que há anos não conseguia aproximar-se dela.

"Outro" – pensei.

Karen, acordada, mas em choque, recebera um curativo adequado à queimadura no rosto. Ambas recebiam soro fisiológico com antibióticos. Acerquei-me delas e orei.

Alta madrugada, madame Olga recuperou a consciência e após alguns momentos identificou onde estava. Mesmo sob pouca claridade, viu Karen ao seu lado.

Como que querendo certificar-se de que estava viva, que fazia parte do mundo, que ali não eram as regiões infernais que tanto temia e que trazia na memória passadas as últimas horas, sussurrou o nome daquela jovem corajosa:

– Karen...

Karen estava de olhos fechados, mas desperta. Não se assustou. Entreabriu os olhos e lentamente dirigiu o olhar para madame, sem nada dizer.

– Karen, nós não morremos? – perguntou madame Olga.

A jovem, sob a intensa emoção que a pergunta carregava, saiu parcialmente do marasmo espiritual em que mergulhara há horas. Após o incêndio, seu cérebro recusava-se a concatenar as idéias. Só conseguia pensar na triste realidade, o fogo queimara sua última esperança, a reconquista de Gino, e, pior, além disso roubou seu mais precioso tesouro, a beleza.

Lembrando-se de Gino, "nunca mais" eram as únicas palavras que vinha mentalmente repetindo sem cessar. Madame Olga, sem saber, livrara-a desse suplício.

Karen continuou muda.

Madame começou a chorar e entre lágrimas conseguiu dizer:

– Minha filha. Deus lhe pague a ajuda que você me deu, nunca mais vou te esquecer, nunca mais.

"Nunca mais", dito por madame, sob conotação oposta à que se fixara em Karen, livrou-a da incipiente obsessão.

– Não foi nada – respondeu Karen, apática.

– Você arriscou sua vida, se feriu por minha causa, e eu falhei no que me pediu, perdoe, filha.

O que vi, então, naquele sofrido ambiente, gratificou todos os meus esforços de quase vinte anos. Karen estendeu o braço livre em direção à madame, alcançando-lhe a mão. Quando as mãos se uniram, refulgiu em ambas um clarão que quase me cegou, como se o sol tivesse se antecipado.

Raios coloridos, lindíssimos, balsâmicos, envolviam as duas mulheres.

Compreendi que era testemunha privilegiada de um desses instantes mágicos, reservados pela Lei do Amor, quando ocorre o perdão!

As lágrimas de Karen, represadas, tiveram livre curso. Às dela, uniram-se as minhas e as do "anjo" protetor de madame.

Voltando a uma antiga dúvida, se anjo chora, entendi que só daqui a muito tempo, quando num futuro distante eu chegar lá, ficarei sabendo. Isso porque, de "anjo", por enquanto, só tenho o nome.

Karen foi dispensada dois dias após, devendo retornar diariamente, para curativos. Madame permaneceria internada.

Assim, nos demais dias, as duas mulheres passavam muitas horas juntas, pois Karen fazia questão de visitar e ficar ao lado de madame.

No passar dos dias, as duas consolidaram sincera amizade, tornando-se íntimas.

Deduzi que eram Espíritos há muito conhecidos, porém longamente separados, em conseqüência dos inextricáveis meandros do destino, que nós mesmos tecemos.

Livre dos curativos, Karen continuou a visitar a amiga que exigira ser chamada apenas de Olga, dispensando o "madame".

"Já não era sem tempo" - pensei, não por desrespeitá-la, mas apenas porque o "madame" excluía-a da simplicidade, situando-a num falso pedestal social.

Numa dessas visitas, uma enfermeira se aproximou das duas e olhando fixamente Karen perguntou-lhe:

– Você não é a moça que veio aqui com um médico, no dia que a mulher morreu?

Era Anita. Karen reconheceu-a.

– Sim, sou eu mesma – respondeu.

– E o que está fazendo agora?

– Visitando minha amiga. Sofremos um acidente e eu também fui tratada aqui, mas já estou bem.

Karen, ao dizer essas palavras, instintivamente levou a mão à face, encobrindo a cicatriz que como em todos os casos de queimadura de terceiro grau apresentava má impressão.

Anita entendeu.

– Cheguei hoje de férias – disse com bondade. – Se estivesse aqui teria ajudado em alguma coisa. Mas, graças a Deus, vejo que você se curou. Isso logo passa.

Num gesto espontâneo, abraçaram-se.

Karen, que vinha sendo submetida a fortes emoções pelo desgosto com a cicatriz, desatou a chorar.

Olga, solidária, chorava também.

Anita, agindo com praticidade, ralhou com ambas:

– Que é isso, suas choronas? Ninguém morreu.

Mas seus olhos, emoldurados por lágrimas prestes a rolar, traíam sua aparente fortaleza.

"Ultimamente não ando muito bem, pois como é que não consigo ficar sem chorar também?" pensei.

Ficaram amigas as três.

Embora em situações diferentes, reuniu-as um denominador comum: fatos espirituais em suas vidas.

Karen, desde que sofrera o acidente, desabafara com sua mãe, contando-lhe tudo que acontecera, não escondendo nada. Estava arrependidíssima. Dona Pérola, feliz, agradeceu a Deus que sua filha "retornasse para ela". Com os conhecimentos espíritas que possuía, explicou a Karen:

– Minha filha, Deus te abençoe o arrependimento e te fortaleça na correção dos erros. Sempre que agimos errado, nunca estamos sozinhos, pois existem Espíritos que sintonizam conosco e se juntam a nós. Todos os obsediados, pelos seus pensamentos ou pelo seu comportamento, são os únicos responsáveis por essa sintonia. Dentre os obsessores, alguns são vingadores, em processo de cobrança de dívidas de outras vidas, outros, apenas aproveitadores. Tanto num caso, como no outro, somos os responsáveis, pois não pensando no mal e não agindo errado, esses infelizes irmãos desencarnados não conseguirão nos influenciar e logo se afastam. Ore por eles, minha filha, não guardando qualquer rancor, pois geralmente desconhecem os ensinamentos de Jesus, recomendando o perdão e o amor ao próximo.

Karen, perspicaz, refletiu que, sem dúvida alguma, há muito vinha sendo assessorada por companhias espirituais negativas. Deduziu, com acerto. – "Só com 'sócios' poderia ter praticado tantas bobagens e mentido tanto, sem ninguém desconfiar, mas sinto-me culpada, por mim e em parte por eles, pois quem 'abriu a guarda' fui eu".

A conselho da mãe, passou a orar por esses Espíritos, o que foi muito bom, pois se o grupo liderado por Cantídio havia sido afastado, outro grupo, com os mesmos propósitos, já se aproximava.

Olga e Anita, cada uma a seu modo, eram médiuns de consideráveis condições, a primeira, intuitiva, e a segunda, vidente. Karen, ouvindo-as desabafar, narrando suas experiências "com as almas", segundo diziam, sabia agora, sem qualquer dúvida, que tinha sido vítima de obsessores.

Uma das bênçãos da dor é a reflexão profunda. Olga, sofrendo intensas dores pelos ferimentos trazia o coração apertado de remorsos. Não suportando abafar o arrependimento pelas enganosas atitudes a que se entregara, confessou-o às amigas, jurando jamais retornar àquele caminho.

Anita contou sobre a luz que vira no instante da desencarnação de Aurélia. Comprovando sua mediunidade de vidência, emocionada, disse como tratava antes os doentes e depois, referindo-se à vidência quando Marcos e Karen visitaram Aurélia, instantes antes de ela desencarnar.

Karen, repetindo os ensinamentos maternos, despertou nas amigas o interesse pelo estudo do Espiritismo, que tão bem esclarece todos os acontecimentos da vida, tanto no plano material como no espiritual.

Sabendo que Karen estava desempregada, Anita conseguiu que ela fosse contratada pelo Hospital Municipal, como atendente de enfermeira, pois havia grande carência de pessoal, por baixos salários.

Karen aceitou e teve em Anita uma excelente professora a ensinar-lhe muitas coisas da profissão.

Não houve como evitar que a direção do Hospital designasse Karen para cuidar dos aidéticos.

Tendo alta, Olga passou a morar num quarto, nos fundos da casa de Anita.

Conseguiu emprego também no Hospital, como cozinheira auxiliar, por indicação de Anita.

Três meses após o incêndio, Anita fez um convite inédito para Karen.

– Fui procurada para tratar de um doente – começou contando – na Itália.

– Na Itália?!

– É, trata-se de família muito rica. Os familiares não querem que o doente fique no Brasil, pois isso comprometeria seus negócios. Têm um belo apartamento em Roma e é para lá que o doente irá para morrer.

– Para morrer?! – exclamou Karen.

– Claro! – continuou Anita. – Tem pouco tempo de vida, talvez dois meses. Ofereceram-me muito dinheiro, mas não aceitei, pois não posso deixar meu marido e meus filhos. Você quer que eu a indique? – perguntou.

– Eu?! – Karen quase perdeu o folêgo.

– Por que não? Você sabe como tratar dessa doença horrível. Não tem compromissos aqui. É uma ótima oportunidade.

Permaneci absolutamente distante do processo de decisão, que foi fulminante:

– Vou!

Feitos os acertos e tomadas todas as providências, Karen embarcou para a Itália.

O paciente, Enrico Sartelli, um homem de mais ou menos trinta e cinco anos, iria na semana seguinte.

Karen foi contemplada pela família Sartelli, antecipadamente, com uma expressiva conta bancária, atestada por saldo financeiro depositado num Banco de Roma, além de cartão de crédito internacional. Levava, ainda, declaração médica, com firma reconhecida, atestando sua missão de acompanhante do doente. Este, sendo italiano, usava o direito de ser tratado na sua terra natal, por especialistas da sua nacionalidade. Assim, não houve quaisquer embaraços na sua transferência para a Europa.

Pérola, abraçada à filha antes do embarque, beijou-lhe a face desfigurada.

– Filha do coração – disse a mãe entre soluços –, o diamante não mata a sede e nem serve de alimento se o dono permanecer no deserto. Você é minha filha amada e sempre a considerei a criatura mais bela do mundo. Se Deus marcou seu rosto, tenho a certeza que foi para que o mundo visse a beleza do seu coração, muito maior do que a dos diamantes. Cuide bem do homem que vai para tão triste destino, considere como são os passaportes do destino, você poderá voltar, um dia, mas ele não. Jesus seja seu companheiro, sempre, minha filha, pois se você não tem o amor de Gino, tem o d'Ele, que ama toda a Humanidade.

Karen nunca sentira tanta solidão como no instante em que o avião decolou rumo ao velho continente.

Mais de duzentos passageiros e ela tão solitária.

No ar, muito alto, olhando as extensas nuvens, alvas como algodão, recordou que no ambulatório da Usina também usava algodão, que nela própria tinha sido usado, nos muitos curativos a que se submetera. Pensou em Gino, cada vez ficando mais longe.

Seu coração já pulsava no ritmo da saudade. Sua alma estava machucada, abalada por tantos entrechoques de sentimentos. Naquela altura, às vezes via, lá embaixo, montanhas, às vezes via cidades, às vezes via o mar ao redor do avião, algumas nuvens.

Acerquei-me dela, pois que a acompanhava. Em preces, sugeri que olhasse para mais alto ainda do que já se encontrava.

Ouviu-me, na alma, olhou para o infinito do céu e agradeceu a Deus, pela vida, por tudo lá embaixo, visto dali tão pequeno, mas na verdade tão grandioso! Lágrimas quentes molhavam seu rosto, cujas formas haviam sido esculpidas com arte pelos Espíritos encarregados daquela sua reencarnação.

Contudo, a beleza que lhe fora emprestada, como fator de provação e também auxiliar para a presente jornada terrena, fora subtraída, em tempo de evitar maior perdição.

Feliz o encarnado que ante grandes perdas compreende que bens materiais constituem empréstimo de Deus, servidos na Terra, na bandeja da transitoriedade.

Talvez o maior conforto que o Espiritismo oferte aos homens é a derrubada, pelo raciocínio, do biombo materialista que lhes incute ser paradoxal o fato de alguém ganhar, com alguma perda, tanto quanto considerar de mente nublada aquele que afirme que a morte não existe, e que acredita que a verdadeira vida inicia no túmulo e não no berço.

ÓRBITAS EVANGÉLICAS

Marlene julgou prudente deixar passar algum tempo até que pudesse ter em mãos tudo o que legalmente lhe pertencesse do espólio de Vito.

Contratou um advogado e não tardou para que, como viúva, a Justiça liberasse a parte a que tinha direito da expressiva herança deixada por Vito.

Não satisfeita com a fortuna, tomou como ponto de honra vingar-se de Gino. Fixou-se na figura do homem "que a desprezara" e não tardou para que companhias invisíveis viessem se juntar a ela.

Entabulou sucessivos planos, mas nenhum deles foi aprovado. Com a idéia cristalizada em Gino, com motivos vingativos, tornou-se uma criatura infeliz, apática e sem outros objetivos.

Disso se valeram Espíritos que passaram a gravitar à sua volta, unindo-se, por sintonia, a alguns outros que há muito já a acompanhavam, sempre com influências perniciosas, estes, prejudicados por ela em perdidos tempos de vidas passadas.

Vingadores, uns, aproveitadores, outros, como na maioria das obsessões.

Adoeceu. Mesmo decorridos tantos meses da morte de Vito, seus parentes atribuíram a apatia e finalmente a doença à inconsolável viuvez. Nenhum tratamento a livrou de uma pneumonia que por pouco a levou à desencarnação. Em delírio, gritava o nome de Gino, como sendo infiel e ingrato. Os familiares acharam por bem manter contato com Gino, julgando-o responsável pelo estado de Marlene. Porém, tão logo o entrevistaram, perceberam sua inocência; atribuíram que ela havia se desequilibrado pela viuvez, o que lhe causara a doença e os delírios.

Não obstante, pediram a Gino que visitasse a cunhada, pois talvez pudesse ajudá-la, ou, ao menos, acalmá-la.

Gino concordou, com uma condição, que a visita fosse testemunhada por algum parente dela e contasse com a assistência médica do seu amigo, doutor Marcos.

Assim, naquela mesma noite, Gino, com Marcos e a mãe de Marlene foram visitá-la no Hospital onde estava internada.

Marlene fuzilou Gino com o olhar. Sentia dores cruéis para respirar e pela pressão pulmonar no fígado.

Os Espíritos que a obsediavam agarraram-se desesperadamente a ela, pois pressentiram que não teriam condições de "duelar", assim pensavam, com Gino, pela sua posse. Sob pressão fluídica tão pesada, que ela própria avalizava e por seus pensamentos de vingança, teve uma crise respiratória.

Marcos se apressou em buscar medicamento.

Livrou-a de uma hemoptise* o fato de Gino ter adentrado o Hospital em orações, possibilitando transfusão instantânea de fluidos vitais seus para ela.

Gino, tranqüilo, aproximou-se do leito e tomou-lhe as mãos. Em súplicas íntimas a Jesus, rogou que Marlene fosse amparada por bons Espíritos.

Desde a morte de Vito aquele era o primeiro instante que Letes conseguia aproximar-se da sua tutelada, já que fora repelido em todas as tentativas feitas.

Gino não viu, mas pressentiu, sabia que do Mais Alto a ajuda que pedira tinha chegado.

Quando Marcos retornou, pronto para aplicar uma injeção, percebeu que a crise havia ido embora.

Marlene fechou o olhos, não querendo ver o cunhado.

Mas, sob o influxo fraternal das mãos que a seguravam, aconteceu o que de melhor poderia acontecer, lágrimas. Naquele instante sagrado, em seu coração faiscou a centelha divina do Amor, implantada por Deus em todos nós, desde que nos criou. O amor fraternal de Gino reconduziu Marlene ao equilíbrio emocional, soldando o partido elo com ele. Prováveis querelas entre eles, armazenadas pelo passado, ali se desfizeram, com seus Espíritos celebrando reconciliação.

Marlene sentiu o toque de Gino em seu rosto, enxugando suas lágrimas, em delicado gesto, com as costas das mãos. Gino, ainda em prece, nada disse. Nem Marlene.

Sua mãe chorava, pois a intuição informava àquele coração materno que a filha havia vencido terrível batalha, em duas frentes de combate, física e espiritual.

Os Espíritos infelizes ficaram desconcertados e não sabiam o que fazer. Fugir era o melhor, pensavam. Mas foram novamente surpreendidos com uma atitude que só o Amor detém, quando Letes dirigiu-se a eles.

– Não vão embora, por favor, preciso de vocês.

Como sempre, só a figura de Letes já impunha respeito e agora

*Expectoração sangüínea - Nota da Editora

então, que fizera um "convite", os Espíritos temeram recusá-lo.

Olhavam-se, indecisos.

– Essa mulher é muito querida do meu coração – explicou Letes. – Se ela causou algum mal a vocês eu devo ser responsabilizado também, pois há muito e muito tempo somos companheiros. Mas é chegada a hora de corrigirmos os erros do passado.

Havia um brilho intenso no seu olhar.

– Quero ser amigo de vocês – disse –, e peço a Deus que vocês sejam meus amigos também. Perdoem-me.

Os Espíritos espantaram-se. Aquele homem, para eles de aparência assustadora, começou a ter a silhueta vagarosamente percorrida por uma luz. Julgando-se diante de um anjo, ajoelharam-se, numa atitude espontânea.

Letes tocou-lhes na cabeça, erguendo-os, e abraçou um por um, em seguida o gigante acercou-se de Gino e abraçou-o também, comovido e grato, inferindo que sua missão, dali para a frente, estava definitivamente facilitada.

Gino assimilou na alma o gesto fraternal de Letes.

Deu um passe em Marlene, sendo assessorado por Letes, que doou fluidos muito energizados. De forma impressionante, Marlene melhorou.

Gino retornou às visitas a Marlene. Sem dificuldade, a atração sexual que a impelia em sua direção transformou-se em admiração e amizade.

Poucos dias depois teve alta por estar curada. Nesse tempo, Letes conquistou a confiança dos Espíritos que há muito vinham atormentando Marlene, bem como dos que tinham se acercado há pouco.

Embora transformada espiritualmente, manteve-se irredutível num ponto, não permitiu que seus filhos se aproximassem dos dois irmãos, filhos de Vito e Aurélia.

Florêncio, sempre orientando a Letes e a mim, convocou-nos para uma importante reunião. Informou-nos que nossas tarefas aproximavam-se do ponto culminante e que deveríamos, mais do que nunca, estar vigilantes para poder agir conforme os sagrados ensinamentos evangélicos do Mestre Jesus.

Gino trazia no peito a dor de quem ama, mas cujas alegrias do amor são negadas. Karen era metade do seu coração, metade do seu destino, metade da sua vida. E havia desaparecido, como que se evaporasse.

Certa vez, sofrendo pela solidão que invadira sua alma, decidiu procurá-la. Foi até sua casa e lá ficou sabendo, por uma vizinha, que a família não morava mais ali, há bastante tempo, não deixando o endereço. Considerou imperioso resignar-se em não mais vê-la, pois, após tantas preces, aquilo parecia uma resposta.

Diariamente, depois de cumprir as obrigações profissionais, atenuava as mágoas dividindo-se entre a permanência no Ambulatório da Usina e os encargos doutrinários, no Centro Espírita. Em ambas as atividades, estava quase sempre com Marcos.

O Ambulatório realizava atendimento ininterrupto, mostrando o acerto da sua implantação.

Não demorou e começaram a surgir casos de AIDS.

Por sugestão de Marcos, foi adquirida uma casa, destinada exclusivamente para aidéticos em fase terminal.

Marcos, indo certa vez ao Hospital Municipal para assistir a um familiar de um operário da Usina, encontrou-se com Anita, que ficou feliz ao vê-lo.

Num impulso, Anita abraçou-o ternamente. Relembrou o acontecido quando ele atendeu Aurélia. Contou-lhe que depois daquele dia tornara-se espírita e que atualmente ela e uma sua amiga Olga estavam freqüentando um Curso de Médiuns.

– Você tem visto aquela moça – Marcos perguntou-lhe –, Karen, que veio comigo visitar Aurélia?

Anita, cumprindo promessa feita a Karen, mentiu:

– Não, doutor, nunca mais a vi.

Marcos convidou-a para, juntamente com a amiga, conhecerem o Centro Espírita que freqüentava, situado próximo à casa dela.

Quando Vi Marcos chegar entendi, de pronto, a advertência de Florêncio, feita tempos atrás. Seria coincidência Marcos estar ali, na Itália, no mesmo Congresso Médico Internacional sobre AIDS ao qual Karen tinha ido apenas por curiosidade?

Senti agradável sensação com a presença de Marcos, deduzindo que forças espirituais superiores estavam agindo. Positivamente, aquilo não podia ser coincidência!

Marcos estava com um grupo latino-americano, numa das inúmeras dependências onde se reuniam outros grupos.

Karen estava no salão público, assistindo a uma palestra, traduzida simultaneamente em vários idiomas. Num intervalo, encontraram-se. A surpresa roubou-lhes a voz.

Fitavam-se apenas, emocionadíssimos. Inconscientemente, Karen levou a mão ao rosto, cobrindo a cicatriz.

Marcos aproximou-se lentamente e estendeu a mão. Antes que Karen respondesse ao cumprimento, Marcos envolveu-a num forte abraço, demoradamente.

Aquele abraço trazia o Brasil para Karen, trazia todo o significado da sua vida até ali, de forma indefinida trazia-lhe Gino.

Marcos permaneceu em Roma por três dias, encontrando-se com Karen sempre que possível, vindo a saber, logo no primeiro dia,sobre o acidente sofrido por ela no incêndio. Sem detalhes, Karen falou da sua atividade profissional junto a um paciente terminal. Convidou Marcos para visitá-lo, o que certamente seria benéfico ao doente. Marcos aceitou o convite.

Havendo consentimento por parte dos parentes, que até acharam isso muito bom, pois nenhum deles gostava de ir até Enrico, Marcos levou ânimo e consolação espiritual a Enrico, em estado gravíssimo.

Retornou nos outros dois dias.

Na terceira visita, Marcos percebeu que Enrico teria apenas mais algumas horas de vida terrena, mantendo-se lúcido apenas em pequenos espaços. Marcos observou que Karen, para ele, era tudo, os olhos mortiços brilharam quando ela se aproximou dele e afagou-o com carinhoso desvelo. Adormeceu, com suavidade.

Karen contou que nenhum parente tinha disposição sequer para se aproximar dele, às vezes, passavam-se até dez dias sem uma única visita ou um telefonema.

Enrico captava o asco que os parentes sentiam por ele, não tentando ao menos disfarçar, por caridade que fosse. Isso doía-lhe mais que as dores causadas pelas múltiplas enfermidades oportunistas que sofria.

Marcos surpreendeu-se quando Karen o convidou a participar da leitura evangélica, a qual fazia todos os dias junto a Enrico.

– Quando nos conhecemos ele jamais dera qualquer importância à oração – explicou Karen. – Aos poucos, convenci-o a refletir sobre o Evangelho de Jesus.

Mostrou para Marcos o exemplar de *O Evangelho Segundo o Espiritismo*, de Allan Kardec, com que sua mãe o presenteara.

– Pouco após inaugurarmos o nosso "culto diário do Evangelho", Enrico se mostrou muito arrependido de ter desperdiçado a saúde com drogas. Quando se tornou viciado, injetou cocaína nas veias, junto a pessoas pouco conhecidas que lhe emprestaram a seringa. Logo, tornaram-se amigos. Quando chegamos aqui, Enrico pediu-me que escrevesse cartas para alguns deles, pois quando ainda no Brasil lhes contou que havia contraído a AIDS. Ficou sabendo que quase todos estavam na mesma situação. Já recebemos resposta de dois, também muito doentes, informando a morte dos demais da turma, com a mesma doença.

Karen despertou Enrico e, após orarem juntos o "Pai Nosso" pediu-lhe que abrisse o *Evangelho*, numa página qualquer. Feito isso, Karen leu em voz alta o texto "A verdadeira propriedade", do capítulo XVI:

"O homem não possui de seu senão o que pode levar deste mundo. O que encontra ao chegar e o que deixa ao partir goza durante a sua permanência na Terra; mas, uma vez que é forçado a abandoná-lo, dele não tem senão o gozo e não a posse real. Que possui ele, pois? Nada daquilo que é para uso do corpo, tudo o que é de uso da alma: a inteligência, os conhecimentos, as qualidades morais. Eis o que traz e o que leva, o que não está no poder de ninguém lhe tirar, o que lhe servirá mais ainda no outro mundo do que neste. Dele depende ser mais rico em sua partida do que em sua chegada, porque daquilo que tiver adquirido em bem depende a sua posição futura. Quando um homem vai para um país longínquo, compõe sua bagagem de objetos usáveis no país, mas não se carrega daqueles que lhe seriam inúteis. Fazei, pois, o mesmo para a vida futura, e fazei provisão de tudo o que poderá nela vos servir."

Concluída a leitura, Karen ainda aduziu mais algumas palavras de sua inspiração.

Marcos e Karen, juntos, ministraram um passe em Enrico, o primeiro passe que Karen transmitia de forma consciente, pois, segundo Marcos explicou-lhe, a doação de Amor que vinha fazendo eram os melhores passes.

Enrico chorava. Acalmando-se, após algum tempo, declarou:

– Doutor Marcos, quero que o senhor seja testemunha do que vou dizer neste momento, sou um homem rico de dinheiro e pobre de virtudes, só tive um pouco de felicidade neste mundo, de verdade, depois que conheci Karen. Sei que não vou durar muito e por isso quero que metade de tudo o que tenho seja passado para ela, pois declarei-a minha herdeira; sou solteiro e não tenho dependentes, por isso rogo ao senhor que, quando eu partir, meu testamento seja cumprido.

Karen, surpresa e emocionada, abraçou Enrico. Desconhecia, completamente, o que acabara de ouvir.

Ia dizer que não aceitaria nada, mas Enrico atalhou:

– Não diga que não aceita, Karen, aceite, e use como melhor julgar; meu coração me diz que você vai espalhar muitos benefícios com o dinheiro.

Ia dizer mais alguma coisa, mas uma repentina crise o alcançou. Contorcendo-se em dores, ainda teve forças para apanhar uma pasta com documentos, escondida debaixo da cama e passar para Marcos.

Na capa da pasta havia uma etiqueta com o título: "*MEU TESTAMENTO* - cópia".

Pressentindo a desencarnação de Enrico, Marcos instruiu Karen a telefonar para o médico que o tratava e sugerir-lhe que enviasse uma ambulância, com urgência.

O Espírito de uma jovem muito bonita aproximou-se e me cumprimentou, era a protetora de Enrico. Como Karen, afagava-o, com extrema doçura. Olhou para Karen, demonstrando intensa gratidão pelos cuidados que dispensava ao seu protegido.

O doutor Leonardo, médico de Enrico, logo chegou e ficou feliz pela coincidência de encontrar Marcos ali, pois haviam se conhecido no Congresso.

Enrico, em estertores, ainda disse, em italiano:

– Dottori Leonardo e Marcos, per me è tutto finito, per favore, metà de la mia ricchezza è per la signorina Karen, mio testamento è definitivo e totale, voglio che voi sianno testimoni, se essenziale davanti la legge, promettano a me, per Dio! (Doutores Leonardo e Marcos, para mim está tudo acabado, por favor, metade de minha fortuna destina-se à senhorita Karen, meu testamento é definitivo e total, quero que os senhores sejam testemunhas, caso seja necessário perante a lei, prometam-me, por Deus!).

Leonardo e Marcos apenas balbuciaram:

– Sim, sim, prometemos!

Marcos dirigiu sentida prece a Jesus, rogando o bem de Enrico. Karen e Leonardo acompanharam-no na oração.

Os parentes foram avisados, mas nenhum veio ver Enrico naqueles seus últimos momentos terrestres.

Enrico desencarnou.

Embora só Karen derramasse lágrimas por aquele Espírito que retornava à Pátria Infinita, suas lágrimas continham o sublime energético do Amor.

Bem razão tinha Allan Kardec quando comentou, em *O Evangelho Segundo o Espiritismo*, no capítulo XIV, sobre o parentesco corporal e o espiritual. Afirmou o mestre lionês que o que une os Espíritos não são os laços da consangüinidade, mas os da simpatia e da comunhão de pensamentos.

Pois ali, três pessoas de origens bens distintas, dedicando Amor a Enrico, com ele formavam uma família.

Dois Espíritos bondosos chegaram e, lentamente, começaram a desatar os laços que prendiam o perispírito de Enrico ao corpo, este tão danificado.

De forma similar à desencarnação de Vito, também Enrico seria assistido numa Instituição Socorrista do Plano Espiritual, dependeria das projeções de sua tela mental lá permanecer, se demonstrasse sincero arrependimento, ou ir ter com Espíritos infelizes, estacionados em regiões sombrias, caso se revoltasse com a dor que inexoravelmente permaneceria com ele para reequilibrá-lo.

A convite do doutor Leonardo, Marcos prolongou sua estadia na Itália, ajudando inclusive com as providências para o traslado do corpo para o Brasil, a pedido de seus pais.

Quanto ao testamento, os dois médicos compareceram ao tabelião, para cumprir a promessa feita a Enrico de serem testemunhas-reforço. Foram dispensados dessa providência, pois foram informados que Enrico já transferira quase todo o seu patrimônio financeiro para Bancos da Itália, há cerca de um mês. Dispensável o reforço testemunhal de Leonardo e Marcos, pois o testamento já estava registrado em cartório, tendo sido assinado por cinco testemunhas. Uma cópia estava pronta, destinada aos pais, no Brasil, os quais eram "herdeiros necessários" da metade dos bens de Enrico, tendo em vista que ele era solteiro e não tinha filhos.

Assim, não haveria como a família eventualmente interpor recurso para anular o testamento.

Karen ficara rica de repente.

De minha parte, também surpreso com aqueles inesperados e importantes acontecimentos com a minha querida Karen, não pude evitar alguns pensamentos: novamente um doente terminal lhe abria as portas da fortuna, outra vez Marcos era testemunha disso. Conquistava ela, agora, sem nenhum golpe ou tramóia, apenas pelo exercício da caridade pura, aquilo que tanto desejara tempos atrás. Desta vez, porém, não se mostrava entusiasmada, pois seu coração estava em prantos, pela piedade que Enrico despertara nela.

A posse da herança demandaria algum tempo. Por isso, resolveu permanecer na Itália, e o médico de Enrico a convidou para ser sua auxiliar no Hospital que trabalhava. Demonstrando que o dinheiro agora não era sua motivação vital, agiu com humildade e aceitou o convite. O convite, aliás, contribuiu para que facilmente fosse oficializado seu prolongamento de estadia naquele país.

Durante todo o tempo que esteve com Marcos, Karen não fez qualquer pergunta sobre Gino. Bem que tinha vontade de fazê-lo, porém faltou-lhe coragem.

Por seu turno, Marcos queria falar sobre o amigo, mas também não encontrou jeito. Só no aeroporto, quando do retorno de Marcos ao Brasil, Karen tocou no assunto. Inconscientemente levou a mão à cicatriz e, sufocada por lágrimas, pediu:

– Marcos, se você é meu amigo de verdade, não diga a Gino que me viu. Prometa-me isso!

– Prometo, Karen.

Com muita delicadeza Marcos tirou a mão de Karen da face e beijou-a na cicatriz, com muito carinho.

Olhos nadando em lágrimas também, embarcou.

Quando o avião se distanciava, já nos ares, Karen ainda chorava e Marcos também.

Entre pessoas que se querem bem ou que se amam, todas as despedidas doem, filhos que vão para a escola pela primeira vez, filhos que mudam de cidade ou se casam, parentes que nos visitam, cônjuges que diariamente deixam o lar indo para o trabalho, almas queridas que vão para o Plano Espiritual.

Demonstra-nos o Espiritismo, contudo, que jamais houve uma única despedida sem reencontro.

Quando na situação extrema, a desencarnação, somente a certeza da repetição das vidas será lenitivo para a dor da separação.

Assim, em qualquer dos casos em que vivenciemos despedidas, de curtas ou longas separações, manter a fé no reencontro será poderoso antídoto capaz de tirar nosso coração das malhas da saudade e situá-lo no abrigo da esperança.

Mas para as lágrimas, volto a repetir, não sei se há remédio, aliás, quase sempre lágrimas é que são remédio. Penso até que, jamais chorar, nem seria bom para quem quer que fosse. Parece que só quando eu for um "Anjo", no futuro distante, bem distante, ficarei sabendo se os "Anjos" também choram.

ALEGRIA NO CÉU

Na minha estadia na Itália, junto a Karen, não deixava, amiúde, de me comunicar com Letes.

Assim, fiquei inteirado do que se passava com aquelas pessoas do Brasil que eram tão queridas do meu coração e do dele também.

Contou-me que Marlene procurou Marcos em seu consultório, levando-lhe o filho mais velho para ser consultado. Conhecera Marcos desde quando se submetera a exames sangüíneos, antes da desencarnação de Vito.

Marcos que, como profissional causara muito boa impressão em Marlene, foi escolhido por ela para tratar do filho. Foi feliz no diagnóstico e na receita, o menino rapidamente melhorou e logo ficou curado.

Marcos visitou o paciente duas vezes no lar.

Sempre atenciosos e gentis, reciprocamente, não perceberam de imediato, ele e Marlene, que entre ambos o clima de simpatia que se estabeleceu logo evoluiu para amor.

Só quando não havia mais motivo para visitas e com isso não se viram por dois dias, sentindo a alma clamar pela presença um do outro, compreenderam que haviam se apaixonado.

Sem impedimento, os dois passaram a namorar, sabendo que sua união, pelo casamento, era apenas uma questão de tempo.

Gino soube do fato e alegrou-se.

Durante o namoro, ajudado por Letes, Marcos conseguiu demover Marlene da proibição que impedia seus filhos de se aproximarem dos de Aurélia.

Guerino e Lízzia, sentindo as nuances de um vazio existencial, com muita alegria haviam concordado com a sugestão de Gino, para abrigar em seu lar os netos "ilegítimos". Não se arrependeram, a casa encheu-se de luz espiritual, pois as crianças eram carinhosas com os avós e viviam aos agrados, beijos e carinhos para com eles.

Embora o mais novo fosse soropositivo, as características do seu quadro patológico indicavam que a síndrome não apresentava tendência para a imunodeficiência.

Caso muito raro, a criança realmente era portadora do vírus da

AIDS, só que do tipo HIV-2, como é oficialmente denominado o vírus mais brando, aquele que, inclusive, pode ser mantido pelo sistema imune sem causar grandes danos ao organismo. Seria o mesmo tipo de vírus que afeta a grande parte das populações africanas e asiáticas.

Sobre o caso particular do filho de Aurélia, Florêncio explicou-nos, a Letes e a mim, que tais situações, em alguns casos como aquele, são caminhos do Plano Espiritual para que a fraternidade desperte entre os familiares e o doente. Disse mais:

– Se vocês observarem bem, a humanidade tende a descobrir imunização contra mais esse devastador vírus, através de vacina. A vacina não tarda, na verdade, mas mesmo assim ele ainda estará presente em todos os cantos do mundo, induzindo os homens à retidão moral. Quando o homem for bom e obedecer às Leis Divinas as doenças, todas as doenças, serão apenas triste lembrança de um passado de infeliz comportamento.

Fiquei sabendo também que Anita procurou Marcos, por terem aceito o convite para conhecer o Centro Espírita que ele freqüentava. Explicou-lhe que a pessoa que dava carona para ela e Olga, para irem ao outro Centro Espírita, havia se mudado.

Marcos respondeu que a freqüência era livre, esclarecendo, porém, que, para elas freqüentarem as reuniões mediúnicas teriam que esperar algum tempo, destinado a estudos doutrinários. Durante esses estudos deveriam assistir palestras, receber passes e, se possível, engajarem-se em alguma das várias atividades assistenciais do Centro Espírita.

Anita e Olga foram assistir a uma palestra. Fomos com elas, Florêncio, Letes e eu. Quando chegaram, o coração de Olga quase parou, o presidente do Centro era aquele homem rico, visto no jornal que Karen lhe entregara, pedindo um "trabalho".

Olga, cujo braço os ferimentos deixaram com movimentos irreversivelmente limitados, sentiu-se mal.

Teve a impressão até que as dores voltaram, quando viu Gino. Quis ir embora, imediatamente.

Anita, sem entender a reação da amiga, acompanhou-a à saída, aflita. Olga, já fora do Centro Espírita, confessou o porquê da sua retirada.

– Você não vê que talvez – Anita foi incisiva e prática – justamente por isso é que veio aqui?

– Como assim?!

– Pois se o homem está ali, não será por que Deus está dando a você a oportunidade de lhe pedir perdão?

– Mas, se eu pedir perdão, terei que contar o motivo e estarei colocando Karen numa horrível situação.

– Pelo contrário, Olga! Se você contar para ele que foi por amor, aí é que você estará talvez ajudando, quem sabe, aos dois?

Deu uma piscadela marota, gesto esse que induziu Olga a retornar ao Centro Espírita. Ouviram a palestra.

Gino percebeu o quão insistente era o olhar que aquela mulher com o braço na tipóia lhe dirigia.

Terminada a reunião, os assistentes foram se retirando. Gino, cuidando que aquela mulher estava com alguma dificuldade, dirigiu-se a ela:

– Boa noite, minha irmã. Há alguma coisa que a senhora quisesse comentar conosco sobre a palestra?

Olga estava assustadíssima. Não tinha como começar a falar. Anita, ao seu lado, cutucou-a levemente. Olga, ainda assim, sentia a língua imobilizada.

– Nós nos conhecemos? – Gino procurou deixá-la à vontade.

Olga não sabia o que dizer. Sua alma fervia ante sentimentos que se entrechocavam, indo do arrependimento, em ter comparecido naquele Centro, ao medo, de que o homem à sua frente viesse a conhecer seu passado.

Gino, percebendo que a mulher estava atrapalhada, amparou-a, gentil:

– Como é o nome da senhora?

– Olga...

– É a primeira vez que vem aqui?

– Sim ...

– O que a trouxe?

– Vim com minha amiga.

– Alguém indicou-lhes nosso Centro?

Olga teve medo de responder a verdade, se dissesse que estavam ali, ela e Anita, a convite de Marcos, teria dificuldade em ocultar o resto.

Neste momento, porém, Anita e Marcos aproximaram-se.

– Olga, este é o doutor Marcos – Anita apresentou-o.

Olga correspondeu ao aperto de mão e a seguir declarou que precisava ir embora. Anita, sem entender, acompanhou-a.

Marcos, ficando a sós com Gino, comentou:

– Esta senhora que veio comigo é enfermeira no Hospital Municipal, onde Aurélia esteve. Segundo me disse, aquela sua amiga trabalha lá também, na cozinha. Ambas têm muita mediunidade e foi por meu convite que vieram conhecer o Centro. Estou contente.

Gino, pensando em Olga, perguntou:

– Aquela senhora, Olga, por que será que ficou tão atrapalhada perto de mim? Alguma coisa me diz que ela já me conhecia e inclusive sinto que há ligações espirituais entre nós.

Marcos nada sabia sobre o passado de Olga, por isso não pôde esclarecer a dúvida do amigo.

Como as duas mulheres não mais retornassem ao Centro Espírita, Gino comentou esse fato com Marcos que também já o tinha notado. Marcos telefonou para Anita perguntando-lhe a causa de não ter voltado ao Centro com sua amiga. Anita deu uma desculpa e Marcos considerou o assunto encerrado.

A casa destinada aos aidéticos terminais, ligada ao Ambulatório da Usina, vinha sendo usada também pela Prefeitura através de convênio firmado.

Dos quinze leitos existentes, cinco eram destinados a pacientes encaminhados pela Secretaria Municipal da Saúde.

De um modo geral, todos os pacientes eram pobres. Alguns, mendigos.

Havia grande dificuldade em conseguir pessoal de apoio para trabalhar na "Bênção da Paz" nome daquele bendito recanto, onde tantos pacientes eram internados com o terrível veredicto da morte próxima.

Na "Bênção da Paz", assim, ocorria alta rotatividade de pacientes que desencarnavam, e de empregados que pouco tempo permaneciam no emprego.

Marcos colocou um anúncio no jornal, para o cargo de enfermeira-chefe. Decidiu que as entrevistas seriam realizadas por ele. Surpreso e feliz viu Anita dentre várias outras candidatas. Anita, surpresa também, disse que havia se aposentado mas que precisava de "reforçar o orçamento". Foi contratada. Por sua indicação, Olga também, para encarregar-se da cozinha.

Os Planos Superiores da Espiritualidade encaminhavam, assim, os "Espíritos certos, para os lugares certos".

Lembrei-me que no curso de anjo da guarda, certa vez, ouvimos um Instrutor encerrar a aula sobre reencarnação, com as seguintes palavras: "moramos todos na rua do nosso merecimento e no quarteirão dos nossos erros".

A "Bênção da Paz" encontrou em Anita e Olga o suporte necessário para que suas finalidades se cumprissem, estabilizando o funcionamento.

Algum tempo depois de estarem trabalhando ali, Marcos já lhes despertara admiração profissional e humana.

Confiavam nele também.

Contudo, as tristezas pelos pungentes quadros que testemunhavam minaram-lhe o ânimo. Sentiam fraquejar o ideal de ajudar aqueles doentes, aos quais a morte já notificara que breve os visitaria.

Sentindo necessidade inadiável de recompor suas forças espirituais, as duas mulheres, à beira da desistência, desabafaram com Marcos, pedindo-lhe ajuda.

Foram orientadas para receber passes, sendo sugerido o próprio Centro que já conheciam. Aceitaram.

Evitando encontrar-se com Gino, Olga procurou comparecer nos horários em que ele não estivesse, no que Anita, solidária, acompanhou-a.

Não demorou, porém, para que Olga procurasse Marcos, considerando que "já tinha passado da hora de resolver aquele assunto". Mostrando-se sinceramente arrependida pelo que tinha feito, não só com Karen, mas com "tanta gente apaixonada", contou-lhe toda a verdade.

Antes, fez-lhe prometer que nada diria a Gino.

Marcos ouviu-a, sem a menor recriminação. Ao contrário, congratulou-se com ela pelo despertamento espiritual, revelado pela coragem em admitir o equívoco.

– Fico feliz por ter a senhora abandonado tão infeliz exercício da mediunidade – incentivou-a. – Nunca é tarde para recomeços, já que Deus nos dá toda a eternidade para nosso progresso espiritual. Vá em frente, irmã, procure sintonia com os Espíritos Protetores e certamente, dentro de pouco tempo, poderá cumprir abençoadas tarefas.

Marcos, sensibilizado, refletia, "então aquela cicatriz em Karen foi causada por um instante de desprendimento e de amor ao próximo!". Louvou a Deus os novos rumos da vida de Olga e principalmente de Karen.

Como havia prometido, primeiro a Karen, quando se encontraram na Itália, e agora, para Olga, nada disse a Gino. Interiormente, contudo, condoía-se em ver a permanente nostalgia do amigo, como que se a saudade o tivesse eleito por companheiro.

A GEOMETRIA VEM DE DEUS

Até receber a parte da herança deixada por Enrico, Karen trabalhou com o médico dele, ora no hospital, ora atendendo outros pacientes aidéticos.

Só quem já cuidou de um aidético, ao menos por um dia, poderá avaliar o heroísmo daquela jovem, nascida tão longe daqueles infelizes pacientes.

Profeticamente, sua mãe dissera que Deus providenciara para que o mundo, que já havia visto sua beleza física, passasse a ver também a espiritual.

Contando com o apoio do doutor Leonardo e de várias pessoas com as quais se relacionara, não foi difícil a Karen mudar sua nacionalidade. Dominava quase que completamente o idioma italiano. Pensava: – "Até parece que já fui italiana".

No seu caso ocorria uma providencial intervenção dos Planos Siderais, tendo em vista sua benéfica mudança de atitudes. Passando a dedicar-se ao próximo com extremado amor, atraiu para si influências positivas. Por merecimento, ajudada por bênçãos reflexivas da ajuda que ela própria prestava aos outros, intuiu alguns fatos do seu passado. Passou a registrar, na alma, um intenso desejo pela maternidade. Ao sonho feminino de ser mãe, contudo, interpunha-se uma barreira intransponível, o oceano, separando a Europa da América do Sul, a Itália do Brasil, ela de Gino. Só conseguia tirá-lo da mente quando estava trabalhando. Por isso mesmo, até excedia-se no atendimento aos doentes.

Conseguiu, logo, expressar-se tão naturalmente, que ninguém diria que ela estava na Itália há apenas um ano. Após curso intensivo, prestou exames vestibulares na Faculdade de Medicina. Foi aprovada!

Quando recebeu a herança, tomou duas medidas, mandou dinheiro para a família, suficiente para que sua mãe comprasse uma casa e seus dois irmãos se tornassem proprietários de um posto de combustível, onde passaram a trabalhar. Instalou, numa casa com grande terreno, em região afastada, um centro de recolhimento para aidéticos terminais, independentemente da sua condição social.

Para essa segunda providência contou com a orientação do doutor

Leonardo, o qual assumiu a direção, não só pelo reforço salarial, mas porque, assim como Karen, também nutria imensa piedade pelos aidéticos.

Sem descuidar do curso de medicina, manteve-se intimamente ligada aos trabalhos naquela bendita casa que denominou "Porta di Luce Enrico Sartelli", homenageando assim aquele que a fizera sua herdeira.

A "Porta de Luz" obteve reconhecimento de utilidade pública, com louvor. Os gastos elevadíssimos não comprometiam a situação econômica de Karen, até porque parte da herança havia sido empregada numa indústria de instrumentos hospitalares que prosperava cada vez mais.

Passava todas as horas disponíveis na "Porta de Luz", junto aos doentes, ricos ou pobres, num sublime aproveitamento do tempo, recuperando, a cada minuto, dias e anos de equívocos.

Doutor Leonardo sentia grande admiração, respeito e carinho pela "signorina de Brasile".

Pressentindo o grande vazio no coração daquela jovem tão valorosa, buscou ajudá-la:

– Karen, onde está a chave?

– Chave?!

– Sim, sim, do cadeado...

– Que cadeado?

– Que trancou seu coração...

Olharam-se profundamente, com amizade plena. Lágrimas responderam por Karen.

Leonardo intuiu que havia um drama intenso guardado "por aquele cadeado"; melhor, talvez, seria não abri-lo.

Só voltou a tentar apoiá-la, moral e fisicamente, quando ofereceu-lhe operação plástica na cicatriz, pois um grande cirurgião de renome mundial e seu amigo estaria participando de um congresso médico em Roma.

– Doutor Leonardo – Karen surpreendeu-o –, até o destino colocar essa cicatriz no meu rosto, eu me considerava a mulher mais bonita do mundo, a beleza levou-me a descaminhos, que nem seria respeitoso contar-lhe. Trabalhei algum tempo com aidéticos terminais no Brasil e em todos eles notava grande constrangimento ao serem atendidos por mim. Desde a cicatriz, contudo, todos os pacientes que tenho atendido intuem que algo grave aconteceu com meu rosto e isso nos aproxima, despertando instantânea empatia. Como o senhor pode imaginar, a cicatriz precisa ficar onde está.

E assim o tempo passou.

Procurei Florêncio e pedi-lhe que me ajudasse.

– Ajudar em quê? – respondeu-me sorrindo. – Karen está tão bem.

– Mas não é sobre Karen...

– Sobre quem, então?

– Gino...

Florêncio assumiu ar compenetrado e após refletir bastante informou:

– Na vida de todos nós existem cantinhos tão ocultos, quanto ângulos bem abertos. Nas coisas do amor, então...

Olhava-o sem entender. Prosseguiu, com "retórica geométrica":

– Como sabemos, o livre-arbítrio é uma das três faces do triângulo eqüilátero, no instante alfa da nossa criação por Deus; as outras duas faces são a inteligência e a consciência. Esse triângulo até pode nos representar, tendo a base no alto, dirigindo a bissetriz para baixo, isto é, nascemos de Deus e mergulhamos na matéria, para a fieira das reencarnações. Gino, pelo seu proceder cristão, cada vez mais se aproxima do retorno à feição eqüilátera, quando inverterá a posição da base.

A seguir, passeou filosoficamente pela Geografia:

– Somos como os rios, nascemos pequeninos e vamos em frente, sempre em frente, aumentando nosso caudal de experiências. Ora os rios se acoplam a outros rios, sendo-lhes afluentes, ora constituem afluxo para outros, da mesma forma como nos ligamos a outros Espíritos. Assim como a correnteza ora pende para a margem esquerda, ora para a direita, também nós, ora agimos no Bem, ora no Mal, as águas às vezes têm largueza de leito, ora afunilam-se, tal e qual nossas várias vidas, ora mais fáceis, ora tão difíceis. A jusante de cada obstáculo vencido, segue o rio seu destino inexorável, rumo ao mar, sendo isso mesmo o que ocorre conosco, a cada desencarnação-reencarnação, rumo à perfeição possível.

Ouvia-o atento. Era sempre agradável ouvi-lo.

Respirou fundo e complementou:

– O fato é que fomos criados por Deus "simples e ignorantes", no dizer dos Espíritos que arrimaram a Codificação do Espiritismo na questão 121, de *O Livro dos Espíritos*, contudo, é Lei Divina que evolveremos para Espíritos simples e sábios. Mas o que é mesmo que você queria que fosse feito por Gino?

– Nada...

Percebi que nem deveria pedir auxílio para promover encontro entre Gino e Karen.

Lendo meu pensamento, Florêncio tranqüilizou-me:

– Não devemos forçar determinadas circunstâncias da Vida, quanto ao amor de duas criaturas. O Amor Universal, talvez criação primeira de Deus, que é o próprio Amor Integral, tem admiráveis caminhos, perfeitos, oportunos.

Ao nos despedirmos, notando ligeira frustração que não pude evitar, Florêncio aconselhou:

– Nada nos impede, no entanto, rogar a Jesus que suceda o melhor para eles.

*****

O clima no salão nobre da Faculdade de Medicina fervilhava, com as emoções pela colação de grau de doutoramento.

Doutorandos e familiares viviam os instantes felizes proporcionados pela vitória que o diploma significava, concretização de um ideal!

Karen era a mais feliz da turma!

Sua mãe, os irmãos e Anita, estavam orgulhosos dela. Tinham vindo à Itália, pois ela não aceitou recusas, inclusive remetendo passagens aéreas para todos, de ida e volta, anexas ao convite de formatura.

Olga, convidada também, não quis vir, de jeito nenhum, com medo de avião. Ficou administrando a "Bênção da Paz".

Karen "exigiu" que Marcos viesse, para ser seu padrinho, convite-intimação que foi aceito com muita felicidade.

Quando ela recebeu seu diploma, foi muito aplaudida, pois embora não divulgasse sua filantropia junto aos aidéticos, tal era do conhecimento dos colegas e familiares. Marcos, que entregou o diploma, beijou-a, afetuosamente.

Cerca de mil e quinhentas pessoas superlotavam o salão nobre.

Pois bem, só a Bondade de Deus e os cuidados de Jesus por todos nós poderão explicar como é que, ao voltar-se para agradecer ao público que a aplaudia, divisou, lá no meio do salão, Gino!

Viu-o mas não acreditou. Marcos não o viu.

Karen supôs que era presa de miragem, dessas que mostram oásis aos perdidos do deserto. Por instantes, seus sentidos cristalizaram-se, deixando de ouvir os entusiásticos aplausos que recebia. O coração, para compensar a súbita emoção, presenteou-a com formidável taquicardia. Não conseguia raciocinar, nem se mexer. Não ouvia nada. Não conseguia nem piscar.

Sua reação foi tida à conta das emoções advindas do clima da formatura e dos redobrados aplausos.

Ante a imobilidade pétrea de Karen, os aplausos recrudesceram, em simbiose público-formanda.

Duas pessoas fizeram algo que jamais havia sido feito naquele salão, em tais circunstâncias, assoviaram, estridentemente. Eram Carlinhos e Toninho, os irmãos de Karen. Logo se ouviram mais assovios, até tornarem-se ensurdecedores.

Salvou-se Karen, pois como que despertou de um fantástico sonho. Incorporou-se à turma e Marcos retornou ao seu lugar na platéia.

Karen olhava Gino, duvidando. Mas aquilo não era sonho, ele estava lá, sim!

Terminadas as comemorações, ela não sabia o que fazer. Seu cérebro subordinava-se ao que determinasse o instinto, ou o coração. Ficar no salão, não poderia, chegaria o momento que teria que sair, seus familiares, Marcos e Anita a esperavam, à saída.

Sem alternativa, deixou o salão.

Ao assomar à monumental porta de entrada e saída, viu os brasileiros esperando-a.

Um pouco distante do grupo familiar, lá estava ele!

Pérola, Anita e Marcos acompanharam o olhar de Karen e levaram um grande susto quando viram Gino.

A doutora, qual robô, dirigiu-se para Gino, parando a uma distância de dois ou três passos.

Seus olhares, dois intensos focos de brilho, formavam um só feixe luminoso, interpenetrando-se.

Nenhum dos dois conseguia dizer palavra.

Os familiares perceberam a intensidade da cena e do momento, mantendo-se no aguardo.

– Você, aqui?! Como?! – Karen conseguiu dizer.

– É uma longa história...

Voltaram a emudecer. Os segundos eram horas.

Fiquei impressionado com os raios de luz que transitavam entre eles, de coração a coração.

– Não posso mais viver sem você! – Gino balbuciou.

Karen teve a impressão que, dentro do peito, mil violinos tocaram uma doce sinfonia. Seus lábios, apenas seus lábios, movimentaram-se, emitindo a resposta silenciosa:

– Eu também!

Após muitos anos de inclemência sentimental, Gino também ouviu, no íntimo, acordes da "música da Felicidade".

Desrespeitando todas as leis físicas da dinâmica e da cronologia, a distância que os separava desapareceu, sem fração de tempo.

Quando se deram conta estavam enlaçados, num abraço que uniu seus corpos praticamente por inteiro.

Dentre tantos casais que se beijavam por ali, eles seriam apenas mais um. Seriam, se o apaixonado beijo não representasse o clímax feliz de um demorado tempo.

Tempo de encontros, desencontros e reencontros, uniões, rompimentos, desajustes.

De ajuste, ali, finalmente!

Gino suavemente encostou sua face na cicatriz de Karen e assim permaneceu também longo tempo.

Pena que os encarnados próximos não pudessem ver o que vi. Justamente do ponto onde a cicatriz anunciava quão grave tinha sido a queimadura, saíam pequeninos, porém, intensos raios de luz, de várias cores.

Mais tarde, Gino explicou a Karen:

– Tive a maior surpresa da minha vida, há duas semanas, quando fiquei sabendo que você estava na Itália. Tenho certeza que não foi "coincidência", mas sim, graça de Deus. Os Oreppi e os Sartelli fecharam um grande contrato, sendo que as famílias ficaram amigas. Sabendo que eu cuidava de aidéticos, contaram-me terem recebido uma carta, vinda de parentes da Itália, comentando sobre a "Porta de Luz Enrico Sartelli", cuja fundadora, uma brasileira que há sete anos se mudara para lá, cuidara de Enrico e agora iria receber o diploma de médica. Coincidência, não? É semelhante à "Bênção da Paz", que o Grupo Oreppi mantém no Brasil.

Perguntando aos Sartelli se a carta informava o nome da fundadora da "Porta de Luz", responderam-lhe:

– Karen, doutora Karen.

– O resto – concluiu Gino – você pode imaginar. A meu pedido, os Sartelli da Itália verificaram a data da formatura e informaram aos do Brasil, que gentilmente me passaram a informação. Quando fui contar para Marcos a "grande descoberta", antes que eu dissesse uma palavra, informou-me que viajaria para a Itália, que iria assistir a uma formatura de médicos, devendo apadrinhar um deles. Marcos apresentou-me duas senhoras, que você conhece, Anita e Olga, ambas são espíritas e médiuns que têm prestado relevantes serviços no Centro Espírita que eu e Marcos freqüentamos.

Karen não se constrangeu, pois via naquilo tudo a intervenção da Espiritualidade. Aliás, de qualquer forma, já havia decidido que, antes de qualquer coisa, contaria para Gino sua infeliz tentativa de "recuperá-lo", com a ajuda de Olga.

Só estava esperando ele parar de falar.

Muito franco e leal, Gino prosseguiu:

– Anita procurou-me informando que precisava viajar para a Itália, mas que em menos de uma semana voltaria. Quando pedi detalhes da viagem, atrapalhou-se toda, denunciando que estava escondendo alguma coisa. Sabendo da amizade de Anita com Olga, procurei-a, perguntando-lhe se sabia o que a amiga ia fazer na Itália. Fui surpreendido, Olga, num impressionante desabafo, contou tudo. Pediu-me perdão, o que me sensibilizou profundamente, disse-lhe que a única coisa errada que fez foi ter ocultado que você me amava. Se não fosse por ela, não saberia que você me ama – brincou Gino, finalizando.

Movidos pela força do destino, fiel às Leis de Deus, com a bênção de Protetores Espirituais, Gino e Karen retornaram ao Brasil.

Karen retornava em definitivo.

A "Porta de Luz" ficaria a cargo do doutor Leonardo e de dois colegas recém-formados, que já há três anos vinham se dedicando ao atendimento dos pacientes. Se até ali nada recebiam, agora teriam remuneração, pois sua dedicação profissional passou a ser integral.

Karen transferiu para a "Porta de Luz" suas ações na indústria de equipamentos hospitalares, com isso garantindo o sustento daquele abençoado estágio vesperal de difíceis desencarnações.

Já no Brasil, e casada com Gino, assumiu multiplicados encargos administrativos no Grupo Oreppi, conforme, aliás, estava previsto desde antes de sua reencarnação.

Metade do expediente diário, porém, dedicava à "Bênção da Paz", em cuja direção Marcos foi mantido.

Tive grande alegria ao ver Marlene engajada nas atividades da "Bênção de Paz". Letes, muito feliz, informou-me que, em desdobramento espiritual, Marlene tinha sido alertada para o débito contraído com o aborto que fizera, quando separou de Vito.

– Sabe por que o nosso "velho" conhecido Ângelo é filho dela? – Letes perguntou.

– Posso imaginar...

– Isso mesmo, comprometida pelo aborto, teria imensa dificuldade em nova gestação, que somente a elevação de Ângelo conseguiu superar; tendo-o agora ao seu lado, sem quaisquer pensamentos de vingança - até pelo contrário, só desejo de auxiliá-la a crescer espiritualmente, Marlene mantém-se tranqüila; assim, captou de bom grado nossa sugestão, minha e de Florêncio, para iniciar rápido resgate. Decidida, optou por ajudar o marido, numa das atividades mais difíceis da atualidade: cuidar de aidéticos.

Karen retornou à loja de brinquedos onde, vinte anos atrás, havia "ganho" uma boneca de luxo.

Tendo saído da "Bênção da Paz", estava uniformizada. Levava a boneca que "ganhara" naquele Natal carinhosamente guardada esses anos todos.

A loja, ainda no mesmo endereço, tinha sido ampliada. A antiga gerente, que agora era proprietária, lá estava : embora envelhecida, Karen reconheceu-a.

Karen aproximou-se da seção de bonecas e fez-lhe um pedido estranho:

– Faça o favor de colocar essa boneca ali.

– ?!

– Levei essa boneca há vinte anos, usando um truque muito feio, de chantagem emocional.

– ?!

– A senhora não me reconheceu mas lembro-me muito bem da sua fisionomia. Eu era aquela menina que fiquei com o dedo apontado para essa boneca e forcei algumas freguesas a comprá-la para mim.

– Minha Nossa Senhora! Como a senhora mudou - a mulher lembrou-se.

Abraçaram-se, comovidas.

A proprietária da loja contou que aquelas freguesas, logo após o incidente, fundaram uma creche que ainda dirigiam. Forneceu o endereço.

Karen procurou suas benfeitoras natalinas e pediu-lhes que a perdoassem.

– Como perdoá-la, doutora, se foi por sua causa que temos encontrado momentos de felicidade desde então?

Prometeu-lhes que, se Deus permitisse, enquanto fosse viva, todas as crianças da creche receberiam presentes, em todos os Natais; além disso, todo o açúcar necessário à alimentação das crianças seria fornecido pelo Grupo Oreppi. Fez apenas uma exigência, silêncio absoluto, não sendo jamais divulgadas as doações.

Recentemente instalou-se monumental crise trabalhista na Usina, quando o Grupo Oreppi decidiu investir no progresso, anunciando que implantaria tecnologia de ponta na mecanização da colheita da cana-de-açúcar.

Com efeito, havia interesse na compra de máquinas agrícolas colheitadeiras que, mesmo antes de chegar, despertaram desconfiança e temor dos empregados rurais do setor canavieiro que temiam o desemprego. Agindo com o costumeiro equilíbrio, Gino criou uma comissão técnica constituída de agrônomos e de sindicalistas rurais, representantes dos cortadores, para debater as conseqüências da mecanização.

A ordem de Gino foi taxativa, se restasse comprovação de dano aos trabalhadores, a Usina retrocederia.

Porém, a comissão comprovou, de início, a eliminação dos inúmeros inconvenientes provocados pelas queimadas dos canaviais, no pré-corte, ambiente hostil para os empregados e dissabores climáticos ambientais, nas cidades vizinhas.

Ficou demonstrado que, mesmo cada colheitadeira operando por cerca de trinta a quarenta trabalhadores, já que aquelas máquinas podem operar em período integral, vinte e quatro horas, haveria condições de absorver a todos, não só na operação e manutenção das máquinas, como também pelos empregos indiretos que seriam criados na industrialização do setor canavieiro e do produto das safras intermediárias de grãos.

Além do mais, a rotação da cultura, plantações de amendoim, soja e feijão, indicada para nitrogenar o solo que por cinco anos produz cana, seria sempre fator de absorção de mão-de-obra rural.

Dissolveu-se a crise. Instalou-se o progresso. O clima reinante na Usina Santa Quiropita era de paz, sendo os patrões Oreppi muito queridos pelos empregados que os tratavam com respeito e dignidade.

Nos momentos de dificuldades de alguns deles, prevalecia sempre o critério de apoio incondicional, eventuais aproveitadores ficavam por conta da exceção, sendo que os próprios colegas se encarregavam de impedi-los.

Quando Guerino e Lízzia completaram cinqüenta anos de casados, foram surpreendidos com uma grande festa realizada na Usina, pelos familiares, amigos e empregados.

Após os festejos, Guerino e Lízzia saíram a passeio pelas dependências da Usina, levando apenas os netos, filhos de Vito-Marlene e de Vito-Aurélia. Pararam em frente às quatro colossais chaminés. Perguntou o neto mais novo para que serviam.

Afagando a criança, que vivia doentinha, respondeu o avô, dirigindo-se aos netos:

– São túneis para o Céu.

Como os netos não entendessem, explicou:

– Todos nós nascemos aqui embaixo, na Terra, e após cumprirmos nossos deveres perante Deus, voltamos para Ele. Observem como as cinzas ficam no chão e lá em cima a fumaça branca vai subindo.

Completou, para os espantados netos:

– Vejam como o fogo purifica as toras de lenha, produzindo coisas boas com o calor, desprezando as cinzas e mandando lá para as nuvens só a fumaça. Pois bem: da mesma forma, a vida também nos purifica, através das provações e dificuldades; nascemos, lutamos, e depois retornamos para a pátria espiritual, de onde viemos; as cinzas representam nossos corpos, depois de cumprirem sua missão e a fumaça branca é o nosso espírito.

Achava-me em orações de agradecimento a Jesus, pelo feliz encaminhamento de minha tutelada, quando fui convocado a um encontro com Florêncio.

Parabenizando-me pelo sucesso da minha tarefa, abraçou-me demoradamente e disse:

– Karen conseguiu sobrepor-se aos enganosos festejos terrenos da fortuna e da beleza. Graças a Deus! Com Gino, praticamente tem um anjo da guarda ao seu lado, além de sempre poder contar comigo, já que é meu dever ajudar os Oreppi. Karen anseia pela maternidade e temos a certeza que será mãe dedicada. Isso é muito bom, pois já está na hora de Cantídio e Aurélia retornarem aos embates da carne; mais tarde, também irão Clóvis e Enrico, Vito irá por último. Clóvis e Enrico, que conspurcaram o empréstimo Divino de um corpo físico perfeito, realizarão estágios físicos relativamente curtos, tão-somente para reequilíbrio dos perispíritos que eles danificaram. Mais triste será o retorno de Vito, espiritualmente encarcerado em cérebro danificado. Dessa forma, Karen terá três filhos com problemas difíceis e mais três, sem problemas.

A seguir, olhou-me, perscrutador. Colocou as mãos nos meus ombros. Tive a sensação de que alguma coisa mexeu dentro de mim, como se meu coração tivesse recebido uma doce massagem de bons fluidos.

Florêncio, com o ar mais sereno da Terra ou do Céu, com a maior naturalidade, informou:

– Por graça excelsa de Deus, está na hora de ser interrompida sua tutela por Karen.

Olhei-o confiante, sentindo que as lágrimas, "as benditas lágrimas", já vinham chegando aos meus olhos e aos dele também.

Acenou para meu futuro:

– Daqui a alguns anos, além de Gino, Letes e de mim, você estará ajudando seus cinco irmãos consangüíneos.

Abraçou-me fortemente.

– Karen, viúva na velhice, terá em você, como primogênito, o guardião que ora dela se afasta. Como pode perceber, Deus coloca à frente de todos os Seus filhos os meios necessários para o progresso espiritual e para os devidos resgates, registrados pelo Tempo, muitos deles empoeirados pelos séculos.

FIM

JUÍZO FINAL?

A AIDS, nome oficial dado pela Organização Mundial de Saúde para a Síndrome da Imunodeficiência Adquirida, longe de ser manifestação cruel de um quadro patológico irreversível, é, dentre tantas, apenas mais uma conseqüência dos equívocos humanos.

Muitas pessoas têm "certeza absoluta" de que Deus, "muito triste com a luxúria e promiscuidade humanas, resolveu criar a Aids, para castigar a Humanidade, exemplarmente".

Dedução encampada por mentes desavisadas, em análise falha. Ao longo da história, o mundo sempre teve, de plantão, um grande ceifador de vidas, em forma de doença. E é provável que continue por muito tempo ainda tendo-os.

Da lepra à varíola, da hidrofobia à tuberculose, da sífilis ao câncer, milhões e milhões de pessoas desencarnaram, em alguns casos, sob caráter epidêmico, quando não pandêmico.

À exceção do câncer, todas essas doenças tiveram encerrado seu caráter epidêmico, sob decisão de Espíritos Protetores do planeta, quando o fundamento coletivo de aprendizado espiritual para as vítimas se encerrou, permanecendo casos avulsos.

A AIDS causa dor. Muita dor.

Ora, a dor sempre esteve no planeta Terra, anterior mesmo ao homem, acompanhando **par e passo** evolução dos seres orgânicos primitivos, na sua longa trajetória rumo ao progresso. Estará incorrendo em grande engano aquele que interpretar a dor diferentemente de valioso instrumento de aprendizado evolutivo.

Dispensável, mas quase sempre não dispensado.

Para os irracionais é magnífico processo natural que os conduz na rota evolutiva, pois seus corpos - como os nossos - têm sensores altamente desenvolvidos para registrar os impulsos nervosos advindos dela, a dor, nos atos da vida. Com isso, aprendendo quais os fatores que a provocam, tanto quanto possível, com o aprendizado, evitarão sua repetência.

Para os homens a dor é colheita de infeliz plantação, tão inevitável quanto intransferível. A dor, na verdade, não é uma criação divina.

É um mecanismo estabelecido pelos responsáveis pela aplicação das Leis Divinas, invariavelmente com vistas ao progresso espiritual das criaturas.

Quando o Espírito evolui, a consciência lhe cobra eventuais débitos, às vezes assumidos por erros escondidos nas dobras do tempo. Ninguém é feliz, sabendo-se devedor, daí que o resgate, longe de ser punitivo, se bem compreendido, é grata oportunidade.

Assim, será impróprio atribuir ao Pai, mesmo que em altíssimo nível moral, características semelhantes às dos pais terrenos. Dentre essas, a de castigar, como forma pedagógica de ensino. E, por extensão, perdoar ou premiar.

Lógico que a AIDS não constitui "um castigo" e menos ainda uma doença. Na verdade, ela é uma auto-abertura para várias doenças, que irrompem simultaneamente.

Sabendo que trazemos em nós, potencialmente, vírus de muitas doenças, que na maioria dos casos jamais virão a despertar ou agir, necessário será imaginar que, quanto à AIDS, algo muito forte há provocado tal despertamento.

O que teria tanta força para provocar tamanha infelicidade, alcançando, de roldão, criaturas promíscuas, mas também inocentes, hemofílicos de conduta normal, parceiros fiéis, recém-nascidos?

Em favor da lógica, no inarredável testemunho da Bondade e Justiça de Deus, o Criador, o Pai, a resposta só poderá ser encontrada, admitindo-se, de início, que nenhum dos atingidos na face da Terra, por qualquer sofrimento, o é injustamente.

Então, se a Justiça Divina está sempre presente, qual seria o dolo dos aidéticos, cujo histórico moral os isentasse de qualquer culpa?

Farol potente para iluminar tão transcendental dúvida será encontrado nos postulados do Espiritismo, quando, em socorro, esclarece que cada ser humano é um Espírito milenar, inquilino várias vezes do planeta Terra, cada vez habitando diferentes corpos, às vezes em diferentes lugares, às vezes com os mesmos companheiros.

Por dedução, se no presente não é encontrado o condicionamento da infelicidade, seja qual for, e no caso específico da AIDS, estamos diante de um refletor de erros, cuja única sede só pode estar no passado.

Tivesse a AIDS irrompido em outra época qualquer, o mundo não mais teria inquilinos humanos. Não estaríamos mais aqui, pois o caráter pandêmico da síndrome, cedo ou tarde, acabaria por dizimar todos nós.

Considere-se que, se surgisse numa época sem os recursos científicos que identificam os vírus em geral, o HIV, Human Immunodeficiency Vírus = vírus da imunodeficiência humana, não encontrando qualquer tipo de combate ou prevenção, seria "simplesmente" o aniquilador final da vida humana.

Por isso, repetimos, a AIDS, em si, não é uma doença. É uma síndrome, isto é, um conjunto dos sintomas que caracterizam uma doença, ou, no seu caso, várias doenças.

A imunodeficiência é uma deficiência do sistema orgânico de imunidade às doenças. Para entendermos a AIDS, há necessidade de dois enfoques, o físico e o moral.

O físico: - surgimento, na segunda metade do nosso século; culpa (dolosa ou acidental?): defini-lo é o que menos interessa, conquanto tal possa contribuir para ser encontrada oposição aos males que causa; temporalidade, o fator humano primordial é o relativo ao tempo de surgimento, 1981, oficialmente, como epidemia, evoluindo logo para pandemia; o primeiro caso, nos EUA, data de 1952; no Brasil, 1980; causas, enumerá-las, como fatores predisponentes, para identificar aquele(s) que somente agora teria(m) desencadeado a síndrome, é proveitoso quanto à prevenção física; contudo, sabe-se que os meios de propagação envolvem atos que o homem já fazia no passado, homossexualismo, transfusão sangüínea, amamentação, promiscuidade sexual generalizada; (como todos esses fatores não tiveram origem neste século, podemos afirmar que nenhum deles "criou" a AIDS); a toxicomania, com o emprego da chamada "seringa coletiva", necessariamente é um grande propagador do HIV, entre os usuários.

Passemos à análise de alguns dos fatores morais ligados à AIDS: Em primeiro lugar, praticamente esgotando as afirmações, temos que considerar que a AIDS é uma vertente do comportamento humano. Como esse comportamento tem sido majoritariamente equivocado, a AIDS poderia, ou melhor, "deveria" ter surgido há muito mais tempo. Tendo irrompido agora, temos que entender seu oportunismo e assim nos curvar à Sabedoria e à Bondade Divinas. Há um inquestionável alerta na AIDS: toda a gente, de todas as partes do mundo, sabe da sua existência e embora a maioria se julgue indene a ela, no âmago da consciência, está plantada a semente do procedimento correto, fraternal; nas condições propostas por Jesus, na "Parábola do semeador" (Mateus, 13;3-9), de cada quatro, apenas uma semente germinará, nas terras férteis (homens de bem); as demais se perderão, secando ao sol, abafadas pelos espinhos ou comidas pelas aves. O Espiritismo, magnífico farol consolador do Espírito, tem ainda a propriedade de "adubar todas as almas", com o que, com ele, todas as sementes morais do comportamento humano prosperarão. Quando uma pessoa fica sabendo que é portadora do HIV, ocorre no Espírito uma tempestade moral, com raios, trovoadas e fulgurantes descargas magnéticas. Naquele momento; perplexidade, pavor e revolta são combustíveis catalisadores para um permanente desassossego.

Pouquíssimas pessoas, qualquer que tenha sido a causa da AIDS, conseguem manter mais um minuto de paz até a desencarnação anunciada, irrecorrível. Mesmo nas vítimas hemofílicas ou nos contaminados por parceiros infiéis, a paz vai embora de vez. Instrui o Espiritismo que no perispírito – matriz do corpo físico – ficam indelevelmente gravadas as conseqüências de todas as mazelas orgânicas do homem, resultantes de maus atos; isso, até o completo restabelecimento da normalidade, pelo devido resgate. Assim, há casos em que a desencarnação dolorosa não encerra o tormento que eventualmente a tenha provocado, como por exemplo, nos suicídios, diretos ou indiretos. A AIDS, quando contraída em promiscuidade sexual ou no consumo de drogas, pode ser enquadrada como suicídio indireto, e nesse caso, após deixar o corpo material que o servia, o Espírito permanecerá sofrendo as impressões decorrentes das doenças oportunistas; isso porque o perispírito, que reveste o Espírito, obediente ao comando deste, manterá na mente o teor vibratório das mazelas sofridas pelo vaso físico. Até que, pelo arrependimento, ou ainda por merecimento decorrente do saldo de agravantes e atenuantes, seja socorrido por Entidades Angélicas. Mas, de qualquer forma, haverá um longo período de infelicidades, de dores, de desespero, de "ranger de dentes". Missão de todos aqueles que já foram aquinhoados com as bênçãos da Doutrina Espírita será transferi-las para os aidéticos. E não só para eles, como também aos seus familiares, aos atendentes hospitalares em geral e a quantos mais possível. Citamos os aidéticos em particular, porque para eles a morte manda aviso prévio. Podendo o soropositivo sobreviver por alguns meses ou por alguns anos, em qualquer caso será irreversível a destruidora ação pluriviral. O período de incubação do vírus HIV varia, podendo chegar até quinze anos, mas a média é de cinco a sete anos. Isso é tempo mais que suficiente para que o "semeador espírita" saia a semear, mesmo que o imunodepressivo só venha a confirmar o contágio poucos meses antes do desenlace, que é sempre inevitável. A simultaneidade de várias doenças num mesmo indivíduo, quase todas fatais, proporciona uma reflexão profunda, quanto ao fato de, ao mesmo tempo, diferentes patologias onerarem a saúde. Essa característica da AIDS, fundamental e diferente da maioria dos demais processos patológicos, leva-nos à convicção de que o resgate do aidético difere dos demais resgates, é intenso, incomparavelmente mais difícil; talvez até seja um vigoroso sinal de "tempos chegando", nos quais atitudes equivocadas terão contundente desfecho.

Que "tempos chegando" seriam esses?

Tempos de despertamento, pensamos.

Em diagnóstico apressado, muitos consideram que a AIDS é uma espécie de agente do "Juízo Final" que se aproxima célere.

Não, não é.

Primeiro, porque não há e nem jamais haverá juízo final, coletivo, havendo, como sempre houve e continuará a haver, "juízo permanente", individual.

Despertamento, isto sim! Ante a proximidade da promoção do planeta Terra, passando de "mundo de provas e expiações", para "mundo de regeneração", conforme preconizou Kardec. Não sabemos quando, mas é certo que isso ocorrerá. Talvez não seja exagero considerarmos que a contagem regressiva foi disparada em 18 de Abril de 1857, pelo próprio Kardec, ao trazer à luz o *O Livro dos Espíritos*, contendo toda a base moral da Vida Humana, Espírito e corpo.

Os portadores do HIV são, em paralelo, portadores do terrível estigma da repulsa social. Familiares, amigos, colegas - quase todos - não conseguem reprimir nem disfarçar o desconforto da sua presença.

O que nos diz o Espiritismo, quanto a isso?

Repete ele o que lecionou Jesus, quando afirmou que "a cada um, segundo suas obras".

Repulsa social coletiva, hoje, segundo a lógica espírita, terá explicação num passado talvez longínquo; por exemplo, muitas criaturas, por crueldade, eram banidas do meio social, sob responsabilidade dos recusados atuais.

Repulsão causa dor.

Dor que só quem já sofreu pode ajuizar.

Dor moral.

Que dói mais.

Quando os jovens dos chamados "anos sessenta" desfraldaram a bandeira do amor-livre, "viajando" no êxtase alucinógeno dos tóxicos, o mundo perdeu importantíssima oportunidade de renovação. Com efeito, logo após a Segunda Guerra Mundial, o Plano Espiritual, incentivando-lhe as descobertas da eletrônica, possibilitou ao homem meios de comunicação global.

O que foi feito dessa descoberta?

Muitos investiram na Informática, esta maravilha que colocou o homem na Lua e propiciou viagens de naves ao espaço infinito.

Outros, infelizmente, adolescentes e jovens – e esse é o enfoque que buscamos –, malbaratando os meios de comunicação em massa, disseminaram no mundo todo diferentes modos de se vestir, de se comportar, de viver; a chamada "mídia eletrônica" insuflou nos quatro cantos do mundo a apologia do consumo; híbrida de arte, foi criada música estridente, executada com instrumentos sofisticadíssimos; nos chamados "festivais", viu-se a apresentação dessas músicas, copiando estrutura nitidamente umbralina, gritos alucinantes, gesticulação agressiva, tendo como co-participantes milhões de sequiosos corações, ávidos de novidades - tóxicos, inclusive; de festival, mesmo, nada; milhares de moços e moças, quase crianças, catalisados pelos líderes das "bandas", afetaram-se de psicose delirante aguda, sob lemas espúrios; de pasmar, que uma dessas induções, infelizmente aceita por muitos, era "viver rápido, morrer jovem" - uma clara alusão ao suicídio.

Músicos e fãs, em estado de permanente histeria.

Instrutores do plano espiritual conduzem muitos desses Espíritos necessitados de duras lições, prestes a reencarnar, à presença das vítimas, encarnadas e desencarnadas, para testemunhar as mazelas da AIDS.

Os instruendos visitam, primeiro, aidéticos situados nos tormentosos escaninhos do umbral e, logo a seguir, outros do plano material, muita vez assistindo-lhes a desencarnação.

Inesquecíveis lições!

A experiência é fortíssima e o aprendizado, não menos, constituindo-se em verdadeira vacina pré-reencarnatória contra procedimentos espúrios.

Complementando as lições ensejadas pelo testemunho, aprendem que o reiterado procedimento em oposição às Leis Divinas atinge deleteriamente o corpo perispiritual, gravando nele desarmonias de difícil reparação.

Não foi isso que viram no umbral?

Tais desajustes, alimentados e mantidos pelo combustível da revolta e da blasfêmia contra o Criador, geram formas-pensamento que mais ofendem a harmonia do perispírito.

Reservemos, agora, um espaço para apresentar aquela que, talvez, seja a mais transcendental consideração sobre a AIDS, a probabilidade de que ela seja de origem espiritual!

De antemão, não poremos cimento em nossas considerações, deixando que no tempo certo tenhamos a verdade, com melhores esclarecimentos que certamente fluirão dos Planos Celestiais.

Pensamos que a AIDS resulta da encarnação de vírus psíquicos, pois o Espírito, no qual pululam pensamentos infelizes, cristalizado em vícios, termina por criar aqueles vírus, fruto das vibrações enfermiças constantes, que lhes garante a sobrevivência e multiplicação.

De início, instalam-se esses vírus no perispírito, matriz sublime do corpo físico. Daí, por sintonia, atraem-se aos vírus físicos, polarizam-nos de energias negativas, geradas, de início, repetimos, na alma doentia.

Um estudo mais acurado do perispírito e do corpo humano poderá entender o estreito laço que os une, manifestando aquele neste, através do sistema nervoso central.

Não seria demais afirmarmos que o sistema nervoso é a parte mais grosseira do perispírito, ou melhor, a fronteira que separa os dois estados da matéria de que se compõem, que, afinal das contas, é a mesma, só que em diferentes densidades.

E mais: estão elencados nas estruturas genéticas dos cromossomos, via o DNA (ácido desoxirribonucléico), todos os futuros acontecimentos orgânicos da jornada terrena, decorrentes das vidas passadas. Incluem-se, entre eles, as doenças - duração, intensidade, cura. Precioso relógio, obediente à lei de causa e efeito, o DNA é um verdadeiro gravador, imprimindo nas células todas as informações decorrentes de cada ato do homem encarnado. Armazenadas nas células, na forma de um arquivo indestrutível, tais informações "renascem" quando o Espírito reencarna. Assim, determina quando as células deverão "detonar" a doença, bem como quando desaparecerá. Resgatado o débito, a expiação é excluída da "escada helicoidal da dupla hélice" do DNA que comanda aquelas determinadas células.

Por tudo quanto expusemos, prudente, muito mais prudente, seria o homem combater a AIDS na sua origem, que está no Espírito; origem essa que, quando não seja pelo mecanismo que tateamos, que o seja, sem dúvida qualquer, pela reforma dos costumes morais.

Reforma íntima!

Esta, a mensagem principal da AIDS.

Ao terminar a leitura deste livro, provavelmente você tenha ficado com algumas dúvidas e perguntas a fazer, o que é um bom sinal. Sinal de que está em busca de explicações para a vida. Todas as respostas que você precisa estão nas Obras Básicas de Allan Kardec.

Se você gostou deste livro, o que acha de fazer com que outras pessoas venham a conhecê-lo também? Poderia comentá-lo com aquelas do seu relacionamento, dar de presente a alguém que talvez esteja precisando ou até mesmo emprestar àquele que não tem condições de comprá-lo. O importante é a divulgação da boa leitura, principalmente a literatura espírita. Entre nessa corrente!

Livros de

Eurípedes Kühl

Sempre há uma esperança

Romance do Espírito Roboels

Karen, uma moça bonita e inteligente, quer subir na vida a qualquer custo, nem que para isso tenha que pisar em outros. Seu espírito protetor tenta aconselhá-la, mas em vão. Um romance esclarecedor!

Infidelidade e perdão

Romance do espírito Josué

Infidelidade sugere, de início, prazer, aventura etc. Porém, cedo ou tarde, a vida implode em alicerces de paixões, deixando os envolvidos em escombros. Um alerta do Espiritismo para aqueles que se deixam levar pelas aparências.

Animais, nossos irmãos

Animais têm alma? Para onde vão quando morrem? Eles reencarnam? Eles têm carma? E emoções? Essas e muitas outras questões você encontrará neste livro.

Transplante de amor

Romance do Espírito Roboels

Ari e Luíza eram ricos e bem-sucedidos. No entanto, os inúmeros compromissos sociais distanciaram o casal dos filhos... mas uma fatalidade volta a aproximar todos, numa bela história que envolve amor, poder e oferece uma bela lição de fraternidade.

Leia e divulgue!

À venda nas boas livrarias espíritas e não-espíritas.

Allan Kardec

O Evangelho Segundo o Espiritismo

O livro espírita mais vendido está agora disponível em nova e moderna tradução, com linguagem acessível a todos, independentemente do nível de escolaridade. As notas de rodapé proporcionam maior entendimento ao leitor.

O livro é apresentado em quatro versões:

- Brochura (normal)
- Capa dura (para presentear)
- Com espiral (para facilitar o estudo)
- De bolso (para acompanhá-lo sempre)

O Livro dos Espíritos

Seguindo a mesma linha de *O Evangelho Segundo o Espiritismo*, *O Livro dos Espíritos* também recebeu cuidados especiais. Sua linguagem foi simplificada, tornando possível o entendimento para qualquer pessoa, e as notas de rodapé esclarecem as dúvidas que vão surgindo durante a leitura. Agora estudar Kardec ficou bem mais fácil!

Também apresentado em quatro versões.

- Brochura (normal)
- Capa dura (para presentear)
- Com espiral (para facilitar o estudo)
- De bolso (para acompanhá-lo sempre)

Leia e divulgue!
À venda nas boas livrarias espíritas e não-espíritas.

A Petit Editora terá muita satisfação em cadastrar seu nome na lista de clientes preferenciais. Para isso, é só preencher o questionário abaixo e aguardar nossos informativos sobre os lançamentos.

Nome: ....

End.: .... Nº: ....

Bairro: .... Compl.: ....

CEP: .... Cidade: .... Estado: ....

Tel.: .... Fax: .... Data nasc.: ....

e-mail: .... Sexo: ☐ M ☐ F

Estado civil: ☐ solteiro (a) ☐ viúvo (a)
☐ casado (a) ☐ divorciado (a)
☐ outros

Formação escolar: ☐ ensino fundamental ☐ superior
☐ ensino médio ☐ pós-graduado

Ocupação: ☐ estudante ☐ empresário
☐ prendas domésticas ☐ profissional liberal
☐ empregado setor privado ☐ autônomo
☐ empregado setor público ☐ aposentado

Qual a área de seu interesse?

☐ doutrinária
☐ infantil
☐ romance

Onde você comprou este livro? ....

Aspecto mais interessante:

☐ preço ☐ autor
☐ capa ☐ editora
☐ assunto

Quantos livros comprou no último ano?

☐ até 12 ☐ de 12 a 20 ☐ mais de 20

SEM

DOBRE AQUI E COLE

PRT/SPM 3873/01
UP AC V. ESPERANÇA

DR/SPM

CARTA–RESPOSTA

NÃO É NECESSÁRIO SELAR

O SELO SERÁ PAGO POR

PETIT EDITORA E DISTRIBUIDORA LTDA.

03653-999 São Paulo – SP

DOBRE AQUI